LOYSON-BRIDET

# Mœurs des Diurnales



— *TRAITÉ DE JOURNALISME* —

DEUXIÈME ÉDITION

PARIS
SOCIÉTÉ DV MERCVRE DE FRANCE
XXVI, RVE DE CONDÉ, XXVI

MCMIII

# MŒURS DES DIURNALES

*TRAITÉ DE JOURNALISME*

IL A ÉTÉ TIRÉ DE CET OUVRAGE :

*Douze exemplaires sur papier de Hollande, numérotés de 1 à 12.*

JUSTIFICATION DU TIRAGE :

**LOYSON-BRIDET**

—

# Mœurs des Diurnales

— *TRAITÉ DE JOURNALISME* —

DEUXIÈME ÉDITION

PARIS
SOCIÉTÉ DV MERCVRE DE FRANCE
XXVI, RVE DE CONDÉ, XXVI
—
MCMIII

## *DISCOURS LIMINAIRE*

« Vous êtes le printemps de l'année et l'espoir de la France. » EDGAR QUINET, *Lettre à un Jeune Journaliste* (1867).

*Messieurs et chers Confrères, — et rappellerai-je que le bon poète Victor Hugo, s'adressant à vous en un jour inoubliable, ajoutait, vibrant d'émotion : « et dans ce mot il y a frères » — à vous sont destinées ces brèves pages ; à l'ardente pléiade des jeunes, à tous ceux qui en ces temps bien modernes de struggleforlifisme aspirent à une écriture prestigieuse et peu banale. Qui n'a pas de nos jours un brin de plume au bout des doigts? Mais parvenir à une facture suggestive, savoureuse, connaître son public, traiter un petit éditorial de main de maître, savoir être tour à tour troublant ou empoignant, silhouetter une attitude, crayonner un mot d'esprit, avoir à la fois la note réaliste et idéaliste, varier les ambiances, colorer les atmosphères, parisianiser les cadres, nimber les veuleries quotidiennes d'un joli ton qui chante le long des colonnes, passer de l'épique au gracile, de la capiteuse mousse mondaine des échos aux nécessités protéiformes du fait divers, être parfait journaliste enfin, n'est pas, comme dit l'autre, une petite affaire.*

*M. le vicomte Sosthène de la Rochefoucauld glissait un jour à un débutant : « Vous avez une jolie plume, jeune homme : cultivez-la, cultivez-la. » C'était le mot de la situation. Il faut cultiver sa plume. Plume agile et bien taillée, plume vivante, nourrie et légère, spirituelle et émue, sceptique et convaincue, éminemment parisienne, — en prenant ce mot dans le meilleur sens — qu'elle coure, qu'elle palpite dans son gentil frisselis sur la table volante du journaliste* (1).

*Vous avez, chers Confrères, d'illustres devanciers qui ont pu répéter, bravant d'avance les impitoyables ciseaux des jeunes chroniqueurs, le déli-*

(1) Quelques-unes de ces élégances ont été empruntées à la *Chronique théâtrale* du *Temps* (24 novembre 1902). *Reddate Cæsaro quod est Cæsari.*

*cieux mot d'Abélard :* Non omnis moribor. *Vous les connaissez dès longtemps. C'est Jules Janin, l'étincelant critique des* Débats, *qui nous montre Charlemagne mêlé à la grande épopée des croisades, et tout justement Abélard persécuté par Louis XI. Qui ne se souvient de sa savoureuse description de l'île de Smyrne, du majestueux morceau où il nous fait voir le puissant fleuve du Rhône traversant l'immensité de Marseille, et de la ravissante phrase sur la ville de Cannes « doublement célèbre par la victoire remportée par Annibal sur les Romains et par le débarquement de Bonaparte »? C'est Cuvillier-Fleury, que Victor Hugo encore appelait familièrement Villier-Fleury. C'est Paul d'Ivoi, le brillant chroniqueur du* Figaro, *et son enthousiaste apostrophe au Paris moderne : « Sur ces marécages qui n'avaient pas vu le soleil depuis qu'ils avaient été labourés pour la dernière fois par les quatre bœufs du char de Chilpéric, des rues nouvelles, larges, aérées, droites, des boulevards immenses, de vastes places se sont alignés fièrement, remplaçant tous ces quartiers malsains et sombres que le Jéricho municipal a condamnés à une si sage destruction !* » (Le Figaro, *19 janvier*

*1860). A bon entendeur, salut. C'est notre maître Francisque Sarcey, qui tout jeune, s'inspirant de la phrase de Georges Sand : « Et comme Hérode ils ne savent plus que se laver les mains de toutes les iniquités sociales!* » *écrivait hardiment à* l'Opinion nationale: « *Henri réclame ses lettres à cor et à cri : on le renvoie de Ponce à Pilate* (1). » *C'est de la Bédollière, et ses exquises citations :*

J'embrasse mon rival, mais *pour mieux* l'étouffer.
*Regnum meum non est ex hoc sæculi.*
(*Le Siècle*, avril 1857.)

*C'est de Fiennes, Havin, Jourdan, Barbier, Plée* (2), *Lamarche, Chadeuil... j'en passe et des meilleurs, tous journalistes, et de la bonne encre, dont le talent impeccable doit vous piquer au jeu. Et, comme dit l'ode d'Horace au jeune Jules César:*

Macteamini puer : sic itur ad astra !

*A quoi bon secouer davantage la poussière des*

(1) Georges Sand Préface du *Chantier*, poésies de Charles Poncy. F. Sarcey (*De Suttières*) : *l'Opinion Nationale*, 24 octobre 1859.

(2) Havin et Léon Plée, dit Baudelaire, admiraient Voltaire comme un grand poète.

(Lettre de Charles Baudelaire à Poulet-Malassis, 9 décembre 1856. — *Œuvres inédites*, p. 139.)

*vieux documents : vous trouverez (si le cœur vous en dit) toutes ces choses, et d'autres encore, dans le savant recueil du baron de la Flotte publié à Paris chez Dentu en 1860.* Nil novo sub soli.

*En ce menu aide-mémoire, j'ai tâché de vous rappeler par les meilleurs exemples quelques notions que vous possédez tous, d'ailleurs, mais qui pourront peut-être servir aux débutants. Fallait-il puiser dans l'antiquité? Dieu merci, nous sommes au vingtième siècle, et l'enseignement moderne a fait justice de tous ces radotages de cuistres. J'ai cru devoir prendre, au contraire, et sans hésiter, dans le vaste arsenal de la presse contemporaine, pour faire une œuvre qui soit bien de notre temps. L'avenir est, comme on dit, aux leçons de choses. Apprendre à se servir du Larousse, du Musée de la Conversation; s'exercer rapidement à une facture souple et agréable ; s'assimiler superficiellement les notions nouvelles, pour les exposer de même : à cela doit se borner votre ambition. Chacun de ces courts chapitres a été rédigé pour vous y aider. N'oubliez pas que vous êtes devenus les instructeurs du peuple. Un sage article du* Temps *(17 novembre 1902) vous trace votre devoir. Le rédacteur a fait une enquête sur le colportage des livres. Quelle bibliothèque, hélas! on apporte dans nos campagnes! « Des manuels de différents métiers ou professions, voilà pour la partie pratique; quelques livres de piété, voilà pour la nourriture de l'âme; et, enfin, des ouvrages d'imagination : voilà pour l'éducation de l'intelligence. Quels ouvrages? L'Iliade... les œuvres de Virgile... les Natchez, Atala, René... j'en passe, et des meilleurs!* » Risum contenibitis mei amici? *Tandis que « le journal ne pénètre pas partout... Il faudrait plaindre, dit* le Temps, *tous ceux qui ne lisent pas, ou qui ne lisent que des niaiseries. Il faudrait leur donner de quoi lire.* » *Voilà votre tâche, voilà votre rôle, à vous, jeunes journalistes, colporteurs de la pensée moderne. N'est-il pas assez beau? Allez, il est immortel. Souvenez-vous du magnifique mot d'Octave Mirbeau sur notre maître à tous, et méditez-le bien :*

« La postérité, c'est Sarcey continué. »

*Et maintenant, comme dit l'autre, travaillons.*

L.-B.

# NOTIONS GÉNÉRALES

COLLE

## NOTRE MAITRE

L'avez-vous vu ? — Qui ? — Dites, l'avez-vous vu? — Qui ? mon... — Chut, ce n'est pas ça. Notre Maître. Si vous ne l'avez pas vu, vous n'avez rien vu.

Il était Notre Maître, bien que, par pure humilité, noblesse et grandeur d'âme, il ne voulût jamais se dire que Notre Oncle. Il était notre Dieu sur terre. Que dis-je — il était ? Il l'est toujours. Nous l'adorons, nous le respectons, nous tâchons à l'imiter de notre mieux, selon notre pauvre pouvoir. Sa grosse ombre plane encore sur nous : elle nous maintient dans les toutes-puissantes et salutaires ténèbres.

Il aima le public, et le public l'aima. Tous les genres lui étaient familiers et il était familier dans tous les genres. Jamais homme ne sut mieux diriger la bienveillance universelle. Le bon sens seul lui servait de guide, c'est-à-dire l'opinion de la foule. Quand la foule n'avait pas d'opinion, par une grâce surnaturelle, il savait deviner celle qu'elle eût dû avoir.

Ah! que ne l'avez-vous vu siéger, mes amis, mes bons amis, sur son modeste fauteuil de côté, à la Comédie Française! Il s'efforçait de ne point se faire remarquer. Parfois il semblait dormir : mais c'était à la façon d'Homère, et, comme les dieux d'Homère, un rire inextinguible le secouait du ventre jusqu'à la barbe, aux bons endroits que le public comprend. Il n'avait qu'un préjugé : c'était sa propre intelligence. Il n'était l'adversaire que des idées qu'il ne saisissait pas. Qui de nous oserait tant de charité intellectuelle ?

Les vaudevilles et les farces l'emplissaient d'allégresse. Les drames lui tiraient les larmes. Il s'intéressait à la tragédie. La comédie le divertissait. Il appelait un chat un chat. Sa tolérance était si grande qu'il tâchait souvent de ramener à son niveau les notions qu'il avait du mal à concevoir. D'autres ne se seraient point donné cette peine.

Il croyait, par cet effort, accomplir un devoir naturel. C'est ainsi que la Phèdre de Racine lui apparaissait volontiers sous les traits d'une belle-mère de notre temps. Il considérait Œdipe roi comme une manière de vieillesse de M. Lecoq. Ainsi Notre Maître essayait de se familiariser avec toutes choses. Il avait si peu d'ambition qu'il ne se souciait ni d'étonner les autres, ni de s'étonner lui-même. Aussi écrivait-il le plus bonnement du monde, et n'admira-t-il jamais sincèrement que le coq à l'âne.

Il avait eu des lettres, mais il ne voulait pas s'en souvenir, crainte de gêner l'opinion du public par un semblant de supériorité. Il parlait la langue de tout le monde, et pensait avec les idées de tout le monde. Et ce miracle s'accomplissait sans aucun effort apparent, tant il y mettait de bonhomie et de naïveté. Longtemps il souffrit de sa barbe inculte qui lui donnait un air de vieux solitaire, de ses lunettes qui pouvaient le faire prendre pour un savant professeur. C'était là sa seule faiblesse. Pour tout le reste il ne se distinguait en rien du plus commun des hommes.

Sa bonté fut grande. Jamais il ne fut l'ennemi de personne sans raison. Quand on l'attaquait, il répondait de la meilleure grâce du monde quelque chose qui pût faire toujours rire. Sa table était ouverte aux jeunes débutantes. C'était un oncle nourricier. Oh que n'avez-vous pris part à ces déjeuners mémorables où son indulgence était telle qu'il souffrait au café que l'on vînt s'asseoir jusque sur ses genoux !

Il naquit à Dourdan-en-Hurepoix. Ses premières années sont obscures.

A douze ans, en 1839, il avait déjà son embonpoint précoce, sa mine réjouie, son optimisme imperturbable, « sa prétention au bon sens » et ses lunettes (1). Il arriva rue des Minimes, à l'institution Massin, dans une diligence jaune.

On voit encore, place du marché Sainte-Catherine, l'étroite pâtisserie qui vendait en 1839 des petits pains succulents dont il se régalait. Il se levait à cinq heures du matin ; à sept heures et demie, il avalait une assiettée de soupe ; à une heure un quart, il déjeunait ; il goûtait à quatre heures, et soupait à huit. « Vendredi, écrivait-il à sa mère, pour second plat on nous a donné à chacun un hareng ; je m'en suis joliment régalé. Le dimanche

(1) *Journal de jeunesse de F. Sarcey.*

nous avons toujours une petite saucisse. » Sa mère lui envoyait des confitures, du raisiné, du chocolat. « La galette était excellente, lui écrivait-il; je viens de la finir il y a quelques jours; le pot de beurre m'a fait aussi un grand plaisir. J'étais, comme tu le dis, un peu las des confitures. J'ai mangé aussi du chocolat... Il y a un élève (Salard, encore plus *patapouf* que moi) à la pension qui avait dernièrement dans sa baraque une poularde rôtie de son pays, une poularde du Mans. Il a été moqué... Je serais très fâché s'il m'en arrivait autant. »

Il obtint à grand'peine qu'un tailleur lui fît un pantalon à pont. Mais il avait honte de son chapeau. — « A l'endroit où l'on met un cordon tout autour, le poil se détache un peu et sur le dessus du chapeau, juste au milieu, il y a un rond blanc qui est en train de s'agrandir. »

Chaque fois qu'il était premier, son père mettait 3 fr. 50 dans une tirelire pour lui acheter un chapeau neuf.

En ces tendres années déjà il « pouffait » de rire (*Dieux ! ai-je ri*) en allant voir les *Folies amoureuses*, et il citait Virgile, mieux connu, à la place d'Aratus.

« *Ab Jove principium*, dit Virgile. »

Enfin aux vacances de 1839, il gagna une glace aux dominos et on lui acheta « un couvre-chef flambant neuf et sortant de la fameuse maison Cornu ».

Le 1er août 1843, à 11 h. 30, il fit ses véritables débuts dans la littérature qu'il devait illustrer. « Il est 11 h. 30, dit-il; je songe que l'on pourrait fort bien me dire à la pension, comme j'ai entendu dire : il fallait néanmoins faire quelque chose. Je vais bâcler ce que je vais pouvoir dans l'heure et demie qui me reste... Il est midi 1/2. Je n'ai fait que du galimatias... »

Dès ce temps, il savait « tâter » son public, s'ennuyer quand les gens s'ennuient, et rire quand ils ont envie de rire. « Je me trouvai par enchantement au diapason des malheureux qui bâillaient à se décrocher la mâchoire, et nous fîmes chorus tous ensemble; je n'en connaissais pas un; nous nous trouvâmes liés par une communauté de sentiments. » Mais bientôt il « enrégimenta une trentaine de moutards ». « Nous sommes tout entiers au rire franc et bête, qui est le vrai rire... tous ont allumé leur gaieté à la mienne, et c'est un feu roulant de saillies et de bons mots. »

La république de 1848 lui donna du plaisir. « Encore quelques jours, et nous vivrons dans la République comme le poisson dans l'eau. »

M. Massin ayant calmé l'effervescencc de sa pension « en apparaissant au seuil du réfectoire le chef orné de sa fameuse casquette verte », sous l'égide de cette « casquette-drapeau, *Massini vexilla* », Notre Maître fut reçu à l'École Normale, et y conquit rapidement sa place.« Notre année, dit-il, s'est mise assez promptement à la hauteur des deux autres ; personne ne trouve grâce devant leurs yeux : ils n'ont affaire qu'à des *mâchoires*. »

Le Prince-président vint visiter l'Ecole, et dit aux élèves et à Notre Maître :

— Messieurs, je suis content de vous voir.

Puis il ajouta :

— Dans une demi-heure, il va venir des dames, ce sera plus amusant.

Notre Maître s'intéressait aux idées nouvelles. « Proudhon, dit-il, ressemble comme deux gouttes d'eau à un épicier retiré. »

Il passait ses dimanches chez son oncle, où il

lisait le *Musée des Familles* et jouait au loto.

La mère d'un de ses camarades l'avait pris en amitié. « Je crois, dit-il, qu'au fond elle éprouve un certain plaisir à se charger de mon éducation et qu'elle voudrait, comme on dit, me former. Elle ne me voit pas sans me demander si je me débarbouille toujours à rebrousse-poils ; elle a remarqué que mes sourcils allaient sans cesse en sens contraire et ne me donne pas de cesse que je ne les aie remis en place. »

Dans l'été de 1849, il fit un voyage en Bretagne, où pour la première fois il vit la mer. A cet effet il fit mettre un cordon à son chapeau de feutre pour le nouer sous le menton. La mer lui parut « un beau, très beau spectacle ». Mais il ne voulut pas « beurrer une tartine poétique sur cette immense étendue d'eau où l'œil se perd ». Il préféra se familiariser avec la mer, selon sa coutume. « Nous nous sommes assis sur la falaise ; nous sommes restés près d'une heure sans parler, sans penser même, les yeux attachés sur les flots : nous étions heureux. M. Caboche me racontait qu'aux Pyrénées il y a des hommes qui montent le matin sur une roche et qui y demeurent jusqu'au soir à regarder les vagues, dans une muette et béate contemplation. Je comprends cette vie-là. C'est en grand, mais en très grand, le plaisir du badaud qui, du haut du pont des Arts, regarde l'eau couler ».

Ils débarquèrent à Cherbourg « comme deux ours dans une cage de serins ». Voyageant à pied, ils s'aperçurent « que la marche forcée est un mauvais digestif, que lorsqu'ils déjeunaient bien, ils dînaient assez mal ».

A Auray, leurs pantalons se déchirèrent; leurs cravates étaient « sales à faire peur »; ils n'avaient plus ni chapeaux ni souliers. Notre Maître, qui a toujours eu l'âme tendre, s'apitoyait sur ses souliers. « Pauvres souliers! ils n'avaient plus à eux deux qu'une semelle entière... Il est vrai que j'ai un cuir naturel qui s'est durci depuis le commencement du voyage. »

Et il ajoute, avec la grande pudeur qu'il observa toujours : « Je ne parle que de l'extérieur, mais si l'on pouvait pénétrer nos misères intimes ce serait bien pis. Depuis Fécamp nous courons après un bain d'eau chaude, car, pour les bains de mer, ils ne nous ont pas manqué... Par malheur l'eau de mer salit plus qu'elle ne lave, et il ferait bon, après un bain de mer, en prendre un autre pour se nettoyer. »

A la rentrée, après avoir pris un bain, Notre Maître se fit initier à la coquetterie, craignant de devenir « *mâchoire* ». Il acheta un lorgnon pour remplacer les lunettes — « pas un de ces petits lorgnons qu'on se fourre dans le coin de l'œil et qui vous donnent l'air ou d'un sot ou d'un fat; c'est un lorgnon comme j'en ai eu autrefois, qui s'ouvre en poussant un ressort ». Il prit des leçons de danse et se fit par sa mère « ouvrir un crédit quelque part pour s'acheter des souliers vernis ». On lui prêta pour se promener « un bâton qui réveilla en lui mille souvenirs ». Enfin il se fit couper la barbe « non pas précisément toute la barbe, mais les deux grosses touffes qui lui hérissaient le menton ». Ses camarades d'École jugèrent « qu'il avait l'air d'un garçon perruquier » et par 14 voix contre 4 votèrent qu'il la laisserait repousser.

Il alla au bal chez M. Papillon, mais n'osa point y danser ni même y *consommer* : à l'heure où il partit, on ne donnait « encore que des sorbets et des glaces, et encore en très petite quantité ». Il alla donc avec Jules à l'office « où tout cela se préparait » ; il y prit une glace et y vit des apprêts qui lui « causèrent un certain regret ».

Comme il rentrait, il entendit dire d'une façon « tout à fait désintéressée » qu'il « était très bien maintenant, et avait des yeux superbes ». M. Papillon avait prévenu deux ou trois jeunes filles : mais l'ordre de M. Dubois était que Notre Maître rentrât à l'école sur le coup de minuit. « Ç'a été un deuil général. »

Retourné aux vieux auteurs, après ces exercices, Notre Maître « s'attaqua à un grand sujet : le *De re rustica* comparé aux *Economiques* », et souleva le problème de savoir « s'il est légitime à l'homme de manger la chair des animaux ».

Il aborda ensuite la philosophie et admira Jules Simon comme un « blaguologue très distingué ». Il aima moins M. Gérusez qui lui avait apporté « un roman écrit dans un vieux français que personne de nous n'entend... il lit une heure durant cet inintelligible patois du quatorzième siècle ».

Le 29 mai 1850, Lamm proposa « d'immoler Notre Maître, comme le plus gras », sur le tombeau de Voltaire au Panthéon. La proposition ne paraît pas avoir été adoptée : car le 17 juillet, Notre

Maître « mit un peu le nez » dans la « Correspondance » du célèbre écrivain.

Le 7 août de la même année, il prit du goût à la lecture des journaux, qu'on « dévorait ». « Nous nous pâmons de rire, » dit-il.

En sa troisième année d'École, son mépris pour l'érudition se fait enfin jour. « Lamm, écrit-il, fouille les vieux bouquins avec autant de persévérance que son nez. » A la Sorbonne M. Patin lui semble « un robinet d'eau tiède » et choque la délicatesse de son ouïe : on le croirait déjà critique dramatique. « Je ne sais de quelle province il arrive, mais il prononce : *esspression*, *vôter*, et estropie les trois quarts des mots. On a l'oreille au martyre. » Au Collège de France, M. Boissonnade, « le premier helléniste d'Europe, radote un peu, mais radote avec beaucoup de grâce ».

Pendant cette troisième année la pensée de Notre Maître mûrit, et il exprima ses premiers jugements sur les hommes. « Ce monde est plein de punaises, plus puantes les unes que les autres. » — « Dire qu'il y a des bêtes brutes qui possèdent des cent mille livres de rente et n'en usent que pour coucher vec des filles d'opéra ! »

Au concours d'agrégation, il faillit éreinter Horatius Flaccus sous le nom de Valerius Flaccus. — Comme il était encore jeune, un scrupule lui vint. « Ah ça mais, dit-il à son voisin, est-ce que tu connais cet homme-là, toi ? » Il ne sut pas réparer cette innocente erreur, et fut refusé. Son échec « lui coûta près de quarante sous ».

On le nomma professeur à Chaumont, où il eut un livre de blanchisseuse, apprit à allumer son feu et sa lampe et à coudre ses boutons. Après beaucoup d'efforts il apprit aussi à faire un nœud de cravate. Une dame avait « bien passé deux heures à lui seriner son nœud ». La vie était « bonne dans ce pays, mais moins bonne qu'il ne l'avait cru ». Il devait interrompre sa correspondance « pour aller faire un tour à la cuisine ». Il logeait chez M. Brocard, charcutier. « Si ma lettre, dit-il, sent la vieille viande, ce n'est pas moi, c'est mon propriétaire qui en a toujours les doigts pleins. » Il passait presque tout son temps à « bayer aux grues ». —

En 1851, prenant part au Plébiscite, il mit « dans l'urne, qui est une belle boîte en sapin, le *non* le mieux articulé qui se puisse voir ». On lui ferma, pour le punir, « un innocent bouchon où il allait dans les beaux jours d'hiver prendre un verre de rhum. » Car il n'aimait ni le tabac ni la bière. Au bal du préfet trois demoiselles lui refusèrent deux polkas et une valse, et il dut « passer son temps au buffet ».

Aux vacances de 1852, il vient à Paris à l'hôtel Corneille ; il « s'en allait prendre un bouillon le matin, chez un crémier de la rue Racine », et déjeunait « pour ses quatre sous ». Retourné à Chaumont, il quitta le charcutier, et loua chez la veuve Richoux. Cette année-là il écrivit sa fameuse supplique au ministre pour qu'on lui laissât pousser la barbe.

Il fut envoyé en Bretagne, près de la ville de Landerneau, « un gros bourg où on fait un gros commerce ». Il alla loger au-dessus d'un café. Le principal du collège lui ayant demandé une pièce pour la faire jouer par ses élèves, il chercha dans ses souvenirs et se rappela que *le Secrétaire et le Cuisinier* de Scribe n'a qu'un petit rôle de femme facile à supprimer.

L'an 1853 il fut nommé à Rodez, où il vécut « comme un anachorète : du bouilli et des œufs le matin, du pain et du fromage le soir ». Il eût donné « tout au monde pour une côtelette de mouton » ;

mais on ne mangeait en cette ville que de l'agneau, du chevreau et « du veau qui se déchiquette et tombe en morceaux quand on y touche ».

Pour tromper sa faim, il « dévorait les journaux » ; *les Débats* « qui lui coûtaient dix sous par mois » ; il « trouvait *le Siècle* chez un collègue et suivait assez exactement *le Charivari* » ; c'était le journal « qui exprimait le mieux ses convictions politiques ». A table, il « remaniait la carte d'Europe entre la pomme et le fromage. Le fromage était excellent ; c'était du roquefort. »

En 1854 il fut « déshonoré » pour avoir mis au bal des « gants de couleur au lieu des gants blancs qu'il avait préparés ». Tous les regards des dames se fixèrent sur ses mains : « il en eut une sueur froide dans le dos ».

Sa disgrâce devint complète pour être allé voir l'inspecteur général « avec une cravate verte et une chemise rayée », et il fut exilé à Grenoble.

La ville lui plut d'abord. Il y trouva des rues « pavées de cette pierre plate chère aux Parisiens », des trottoirs et « la nuit des becs de gaz ». Il y voyait passer « de jolies filles ; et cela lui réjouissait les yeux. »

Notre Maître se logea chez le père Bouchard, un « fier lapin » et la « crème des hommes », qui prenait le matin « son café au lait dans une vieille soupière ébréchée ». avait « vu de la très haute société à Paris » mais avait fini par « s'enfermer dans un petit cercle de vieilles culottes de peau ».

A Grenoble, il s'adonna au théâtre, et joua, pendant le carême, une « grande pantomime en quatre actes » où il représentait Cassandre dans un costume « ébouriffant ». Le « scenario était bête comme chou, mais assez plaisant ».

Enfin dans cette même ville se décida sa vocation « d'Oncle traditionnel, le coffre-fort donné par la nature », et il écrivit chez Bouchard sa première œuvre :

*Bonjour, mon oncle*
*Opérette en un acte.*

Ayant ainsi pris goût à « dévorer » les journaux, pénétré des opinions du *Charivari*, charmé par l'ombre de Cassandre et l'idéal d'un Oncle d'opérette, Notre Maître crut à bon droit son éducation achevée.

Le Maître du journalisme débuta le 1er novembre

1857 ; c'était « la première fois qu'il touchait une plume » et il déclarait « n'entendre rien à cet art ». Dès lors sa réputation était consacrée sous le nom de Satané Binet.

Depuis, le monde sait trop ce qu'il fut. Sa vie a été simple comme celle de la matrone antique :

IL ALLA AU THÉATRE ET FIT DES ARTICLES.

Tel fut Notre Maître. Qui l'aime le suive!

## *ORIGINES DU JOURNAL : L'ILE DES DIURNALES*

Parmi les plus récentes découvertes qu'on a faites au cours des fouilles qui amènent au jour les premières bases du Forum romain, la plus curieuse, sans doute, est celle d'un bas-relief qui est demeuré jusqu'ici mystérieux et indéchiffrable, mais dont la signification ne doit pas le céder en importance à la Pierre Noire elle-même (*Lapis Niger*) qui a soulevé tant de polémiques entre les reporters de nos principaux quotidiens. Ce bas-relief représente deux hémisphères jumeaux en ronde-bosse, que vient lécher, si j'ose m'exprimer ainsi, une espèce de volute — dirai-je une langue? — oui, cela semble bien une langue ou languette un peu retroussée — qui paraît s'échapper de la bouche d'un personnage agenouillé. Sous la ronde-bosse, on déchiffre encore distinctement les caractères P. V. B. (le reste est malheureusement effrité; mais un ingénieux nouvelliste du *Popolo Romano* a proposé la restitution L. I. C. V. M.). Sous la figure agenouillée il est facile de lire le mot D. I. V. R. N. A. L. I. S.

Cette découverte a été opérée sur le territoire de l'angle sud-oriental du Forum, non loin de la *Regia*, palais du *Pontifex Maximus*, tout auprès de la maison des Vestales, *Atrium Vestæ*, dont la vue réveille chez tout journaliste de si charmants souvenirs féminins, et un peu en avant du *Lacus Juturnæ*. Elle fut aussitôt signalée à la dernière heure des journaux romains; et, après l'examen d'authenticité préalable confié à une commission d'interviewers expérimentés et rompus aux enquêtes de faussaires, le bas-relief fut transmis aux techniciens (archéologues, épigraphistes et *tutti quanti*). Mais c'est un journaliste du *Popolo* (ainsi que je l'ai dit) qui eut d'abord l'intuition grâce à laquelle on peut proposer une hypothèse plausible et qui intéresse au plus haut point, par une singulière coïncidence, l'histoire du journalisme.

Selon toute apparence le texte se composait de deux mots (le verbe demeurant sous-entendu comme dans la fausse inscription de la tiare de Saïtapharnès, si victorieusement discutée par un reporter du *Temps* contre la fâcheuse Académie des Inscriptions et Belles-Lettres (1), et divers épigraphistes et numismates qui n'y avaient vu que du feu).

On doit donc lire : PVB [LICVM] DIVRNALIS et sous-entendre ADORAT, ou VENERATVR, ou simplement ORAT : cependant un jeune échotier, plus audacieux que les autres, et signalant le rapport qui semble exister entre cette volute qui s'échappe de la bouche du personnage agenouillé et qui vient proprement *lécher* les deux hémisphères jumeaux, suggère LINGIT. Ce serait là une inscription unique, un ἅπαξ, de l'intérêt le plus puissant.

Il faudrait donc lire définitivement :

PVB [LICVM] DIVRNALIS [VENERATVR OU LINGIT]
ou, pour traduire :

Le DIVRNALIS adore (ou lèche) PVBLICVM.

L'hypothèse ORAT n'a aucune vraisemblance : le mot *orare* dans cette acception ne se présenterait qu'à l'époque de la plus basse décadence. Il est certain que Tacite se sert de l'expression *adorare vul-*

(1) Voir *Autour de la tiare : Le Temps, passim.* mars 1903.

*gus*, par opposition à l'*odi vulgus* d'Horace ; mais c'est justement là une raison qui semble militer contre les partisans de l'hypothèse *adorare*. Tacite entend évidemment, comme Horace, un sentiment d'affection ou de haine tout moral, qui n'a rien de matériel. Reste l'audacieuse proposition de lire LINGIT, ou d'accepter VENERATVR. La première se défend par elle-même : mais était-il besoin d'interpréter l'action ? Voilà le problème qui se pose : et la discussion où je vais entrer expliquera plus clairement le sens de l'objection. J'avoue que je me range parmi les partisans de VENERATVR, et je traduis :

Le DIVRNALIS rend son culte à PVBLICVM.

Qu'est-ce en effet que le *Diurnalis*? J'estime que c'est la première question qui se doit poser et de sa solution dépend le sens exact de l'inscription. L'endroit où a été trouvé notre bas-relief nous fixe environ sur sa date. Ce monument ne saurait être postérieur au « tombeau de Romulus ». D'autre part, il représente évidemment un rite religieux accompli par un personnage dont le nom se termine par le suffixe — *alis*. Comment ne pas songer alors aux *fratres Arvales*, à ce collège des douze frères Arvales dont la tradition attribue l'établissement à Romulus, en mémoire des douze fils de sa nourrice Acca Larentia? Nous possédons, outre le texte archaïque de la chanson, d'importants fragments canoniques de ce collège de prêtres qui existait encore au IVe siècle de notre ère (cf. Henzen : *Acta fratrum arvalium* — les fragments vont de l'an 38 à l'an 250 après J.-C.). Notons la persistance de ces rites jusqu'à la basse époque : nous aurons à y revenir.

Quoi de plus légitime, en présence de ce rapprochement, que d'émettre l'hypothèse d'un collège de *Fratres Diurnales*, les prêtres d'un culte autrement grave, autrement important, que la vaine superstition de *folklore* dont les *Fratres Arvales* étaient les conservateurs?

Le monument du Forum représente évidemment l'un des *Fratres Diurnales* accomplissant un des actes de son rite religieux.

Quel pouvait être le culte spécial rendu par les *Fratres diurnales*? Il paraît légitime, avant d'aborder cette question, d'examiner attentivement le mot *diurnalis*, qui présente peut-être avec le culte des *Diurnales* le même rapport que le mot *arvalis* avec *arva*.

M. Gaston Boissier, dans une savante étude où il nous a exposé ses conclusions sur l'opuscule de M. Hübner : *De senatus populique romani actis* (Leips., 1860), dit formellement : « Le mot de *journal* est sorti de l'adjectif *diurnalis*, qui vient lui-même de *diurnus*. (*Le Journal de Rome*, p. 269.) D'où il s'autorise pour traduire *Acta diurna populi romani* par *Journal de Rome*.

Donc s'il y a eu des *Fratres Diurnales*, ce ne pouvaient être que les prêtres chargés des fonctions sacerdotales relatives aux *Acta diurna*.

Mais voici où notre découverte prend un intérêt historique très passionnant. Jusqu'ici on croyait savoir, d'après Suétone, que la publication des *Acta diurna* avait été instituée par César en l'an de Rome 695 (59 avant J.-C.), où il fut nommé consul. « Un de ses premiers actes, dit Suétone, fut d'établir que les procès-verbaux des assemblées du Sénat aussi bien que de celles du peuple seraient tous les jours rédigés et publiés : *instituit ut tam senatus quam populi diurna confierentet publicarentur*. Le seul fait antérieur connu et qui se rattache à cet ordre d'idées, c'est la coutume exposée par M. Boissier dans les termes suivants :

« Sur le mur de la *Regia*, où demeurait le grand pontife, on plaçait chaque année une planche soigneusement blanchie qu'on appelait *album* ; en tête on inscrivait le nom des consuls et des magistrats; puis, chaque fois qu'il survenait quelque événement à Rome ou dans les provinces,on le notait en quelques mots. C'était un moyen de mettre les citoyens au courant de leurs affaires. »

La stèle que nous étudions, et qui précisément a été découverte sur le territoire de la *Regia* du *Pontifex Maximus*,permet deconclure qu'il n'y a point de rapports en réalité entre l'*album* du Pontifex et la publication des *diurna*. Puisqu'il existait, près de la *Regia*, un collège de *Fratres Diurnales*, il est évident que ces ecclésiastiques s'adonnaient à la confection des *diurna*,et l'*album* du Pontifex n'était sans doute qu'un sommaire des *diurna* que l'on affichait chaque jour à la porte de la *Regia*, si, comme tout le fait présumer, le Pontifex Maximus était le directeur suprême du culte professé par les *Diurnales*. César ne fit donc que « laïciser » une coutume devenue utile,mais dont l'origine est strictement religieuse, ainsi que nous le verrons plus tard.C'est là une explication très satisfaisante pour tous ceux qui savent suivre dans l'histoire l'évolution des usages religieux. Nous voyons dans Homère que les parties nobles des victimes étaient encore consacrées aux dieux : les prêtres et les héros ne participaient qu'aux morceaux de qualité inférieure; plus tard l'usage de manger de la viande, purement religieux dans son principe, devint général; les conquérants espagnols trouvèrent au Mexique le tabac au moment où il allait perdre son usage propre d'*encens* pour servir de plaisir populaire; on a démontré récemment que la domestication des animaux, la domestication des graines utiles, du blé, des plantes potagères n'est que le résultat pratique d'usages religieux; n'est-il pas naturel, en présence des documents nouveaux que nous apporte la stèle des Diurnales, de voir dans le journal l'expropriation utilitaire d'un rite religieux dont il nous reste à rechercher la véritable signification?

Il semblerait qu'à cet égard la méthode la plus simple dût être de nous occuper de la seconde partie du texte de la stèle : PVBLICVM. Mais auparavant il est indispensable de rapprocher de la stèle des Diurnales un récit contemporain de l'empereur Trajan, et qui jusqu'à présent avait semblé purement imaginaire : on en croyait la matière empruntée à une œuvre semblable à l'*Histoire véritable* de Lucien de Samosate, que nous aurions perdue, et que le pseudo-narrateur aurait « latinisée », comme fit Apulée pour *l'Ane*.

Au contraire la découverte du monument rituel des Diurnales donne une valeur d'authenticité très précieuse au fragment cité par T. Anas Venerator dans ses *Loci Communes*. Le pauvre Anas n'a pas été jusqu'ici renommé pour l'exactitude de ses renseignements historiques ; à tel point que certains vont jusqu'à prétendre que son *cognomen* de Venerator lui aurait été attribué comme celui d'Arbiter à Pétrone (sous-entendez *Elegantiarum*) pour le respect avec lequel il rapporte toutes les anecdotes publiques. Cependant il faut bien admettre que T. Anas Venerator a puisé le récit qui va suivre dans le *Diarium Itineris* (journal de voyage) de Q. Publius Publicola.

Nous ne savons rien de Q. Publius Publicola, et la date même de son livre résulte seulement de ce qu'il cite précisément ce texte de Tacite (*adorare vulgus*) dont il était question plus haut. Il ne nomme pas Tacite : mais, à la façon dont il en parle, il semble bien que l'historien fût encore vivant. Jusqu'ici on n'avait naturellement pu tenir aucun compte du témoignage de Publicola, en raison du texte très suspect rapporté par Anas Venerator.

Voici donc le récit de Q. Publius Publicola (*excerpta ex quinto itineris*, dit Anas, — c'est-à-dire que le voyage de Publicola comprenait quatre livres au moins avant le texte cité).

L'ILE DES DIURNALES

La mer cimmérienne (?) s'étend depuis la Bretagne jusqu'à Thulé (?); les tempêtes y sont fréquentes et les brouillards très épais. Nous y fûmes poussés par des vents contraires jusqu'à l'île des Diurnales, qu'on dit avoir été habitée (?) par César (1), ce qui, à la vérité, me paraît fort improbable. Cette île tire son nom d'une certaine race d'hommes qui paraît y exercer le pouvoir et qui s'appellent ainsi. Ils nourrissent dans un temple un grand nombre d'animaux prodigieux, semblables à des manières

(1) Quam ferunt ipsum Cæsarem coluisse.

d'autruches, sauf pour leur grandeur, qui est extraordinaire. Ce sont des oiseaux immenses dont la seule vue inspire la terreur : mais ils sont consacrés à leur Dieu dont je n'ai pu savoir le nom. Ils ont un bec noir qui s'ouvre largement et des ailes qui s'éploient autant que les voiles des plus grands navires ; leur clameur est effroyable et fait résonner l'île entière. Leurs prêtres s'imaginent même que la voix de ces oiseaux retentit sur toute la terre connue. La voracité de ces animaux ne peut se décrire. Cependant leurs gardiens veillent à cet égard : parce que si on ne les maintenait dans les limites sacrées ils dévoreraient jusqu'aux habitants et principalement les matières précieuses, pour lesquelles ils ont un goût incroyable. A certaines époques, quelques-uns des plus riches habitants se voient contraints, sous peine de voir leurs propriétés dévastées, de leur offrir des sacs d'or qu'ils engloutissent rapidement (1) ; mais d'ordinaire leur nourriture se compose de bruits que leurs gardiens produisent devant eux avec des trompettes et des tambours, dont ils sont fort avides ; et leur mangeoire contient quantité de plumes d'oie fraîchement arrachées. Ils

(1) Ici Publicola cite « Auri sacra fames ».

boivent de l'encre (1) fluide : et, chose curieuse, leur urine est semblable à une encre boueuse et grasse. Leur attitude est voisine de celle des paons : ils font la roue et gloussent de satisfaction ; mais parfois ils aiment à se couvrir d'ordures comme les canards. On a grand'peine ensuite à les ramener à l'usage de la propreté.

Toute l'île est couverte de leurs excréments, qui sont minces et blancs comme des feuilles de papyrus ou de parchemin poncé, et tachés de signes semblables aux signes de notre écriture. Et c'est dans les excréments de ces oiseaux que réside leur pouvoir sacré. Les habitants de l'île s'imaginent que ces excréments sont des oracles divins, et sont parvenus à les interpréter couramment, comme les feuilles de la Sibylle. Certains les ramassent et les vendent. Leur prix ne peut être fort élevé à cause de la quantité des excréments que ces oiseaux produisent. Il est à noter d'ailleurs que l'oracle de l'excrément n'est vrai que pour vingt-quatre, douze ou six heures, suivant sa forme. Aussitôt le soleil couché, les excréments de la journée sont balayés à l'écart ; et les excréments de la nuit perdent leur

(1) Atramentum.

valeur vers le temps de midi. On pense que l'urine de ces oiseaux produit sur les feuilles de leurs excréments les signes qu'on y aperçoit; d'où je conjecture que ces feuilles blanches sont le produit de la digestion (*coctio*) des plumes blanches et du bruit: mais l'urine les souille avec de l'encre et cette opération se produit dans le cloaque. Je n'ai pu me rendre compte exactement de l'effet des matières précieuses, quand on leur en donne. Les habitants prétendent que lorsque les oiseaux ont été nourris quelque temps avec des sacs d'or, les signes des excréments ne sont plus les mêmes et que les oracles alors deviennent très favorables. Au contraire, quand les mêmes oiseaux ont été nourris longtemps de bruit, de plumes et d'encre, les oracles des excréments ont une apparence funeste et annoncent la guerre, la peste, et la fin du monde. Tous ces excréments amassés, avant d'être rejetés par l'intestin, portent le nom de *copie* (*copia*); ensuite, tant qu'ils sont frais, ce sont des oracles et les habitants les interprètent comme tels. On assure que ces animaux n'ont que des intestins et des parties sexuelles, mais point de cerveau. Je n'ai pu m'en assurer, bien qu'il en soit mort plusieurs pendant mon séjour dans l'île, parce que leur mort est tenue soigneusement cachée par les Diurnales. L'île est toute gâtée par les excréments anciens de tous ces oiseaux sacrés. On a tenté d'en faire un usage : personne jusqu'ici n'a pu réussir. Les enfants s'en servent à la place d'éponge pour s'essuyer après s'être soulagé le ventre : mais il paraît que cela occasionne le flux de sang.

La couleur de l'or, la vue des guerriers et des armes, l'aspect des femmes nues fait entrer ces oiseaux en délire. Les Diurnales utilisent les femmes à cet égard et donnent pour les oiseaux certaines représentations de théâtre et de mimique musicale : on dit que les femmes nues se laissent approcher par eux sans trop d'horreur dans les théâtres et les lupanars; et alors les oracles sont bons [relativement à ces femmes?] (1). On fait aussi parfois défiler les guerriers devant eux et souvent on donne le panache d'un héros à l'un de ces oiseaux qui s'en décore; et alors les oracles sont très bons. Il est très dangereux de leur montrer la couleur de l'or : cependant, ils s'en contentent parfois et alors les oracles sont excessivement bons; mais

(1) Passage obscur.

aussitôt qu'ils s'aperçoivent qu'on les a trompés, leurs excréments deviennent redoutables et funestes. Alors il faut qu'en toute hâte on désigne quelques riches qui jettent dans l'auge du temple un certain nombre de sacs d'or. Il est à remarquer que pendant la déception des oiseaux et sur la foi des excréments qu'ils rendent, les habitants portent leur or dans les comptoirs des riches : de sorte qu'on n'a aucune peine à désigner ceux-ci aussitôt que les oiseaux ont connu la déception.

On est tenu de les surveiller très étroitement d'abord, à cause, ainsi que je l'ai dit, de leur terrible voracité, puis en raison de leur férocité, qui n'est pas moindre ; enfin, pour les empêcher de s'échapper : car leur absence, selon la croyance des habitants, écarterait toute la faveur de la divinité et serait le signal de la ruine de la contrée, tant en raison de la colère du Dieu que de l'ennui profond qui ferait périr tous les hommes par la privation de ces excréments dont ils se délectent. Ainsi une des punitions qu'on inflige dans les prisons de ce pays est d'interdire aux captifs de recueillir les ordures des oiseaux et d'en interpréter les oracles ; et j'ai vu de ces malheureux qui me suppliaient à travers leurs grilles de leur tendre des fragments anciens d'excréments qui jonchent tout le sol : tant un amour effréné pour les oracles leur tenait au cœur ! Or on assure que certains de ces oiseaux, toutes ailes éployées, peuvent traverser l'Océan; d'ailleurs, ainsi que je l'ai rapporté, les prêtres sont persuadés que leurs cris s'entendent jusqu'aux antipodes, par delà les sources du Nil : et il y a même une superstition enracinée parmi le peuple que l'écho seul de ces cris peut engendrer des oiseaux semblables dans une autre partie de notre univers. Mais c'est évidemment une fable : d'autant qu'aucun voyageur jusqu'ici n'a rencontré de ces animaux ailleurs. Comme exemple de leur férocité, je rapporterai que, la nuit de notre entrée dans la ville des Diurnales, une femme dévêtue se précipita dans notre hôtellerie en criant à l'aide : elle était poursuivie par un oiseau gigantesque qui lui donnait des coups de bec à la ceinture (où elle portait son argent) et qui s'efforçait de la couvrir; et comme elle se protégeait obstinément de ses mains, à la façon de la Vénus pudique, l'oiseau se retourna et projeta une incroyable quantité d'excréments qui la souillèrent de la tête aux pieds. Puis il s'enfuit et l'abandonna toute en larmes : elle avait, disait-elle, distinctement reconnu son propre nom sur chacune de ces ordures, où il était accompagné des plus horribles prédictions. Nous apprîmes depuis que cette femme était une comédienne (car chez les Diurnales les femmes montent sur le théâtre), mais qu'elle avait épousé un des sujets ordinaires des Diurnales : ce qui paraît être pour la divinité de ce lieu une offense impardonnable, attendu qu'elle prétend se réserver à elle et à ses ministres les femmes des théâtres, les mimes femelles et les courtisanes des lupanars ; quelquefois même le Dieu réclame des matrones. Infâme contrée où les femmes ne peuvent avec sécurité demeurer en leurs maisons et filer la laine (1) ! Est-il possible de croire que vraiment le grand César ait habité ce lieu ?

L'action de l'oiseau qui avait couvert la comédienne d'excréments me fit dire à notre guide (qui était le fils d'un ancien Diurnale) qu'elle était sotte de se lamenter si fort et de le craindre, puisque les oracles cesseraient d'être vrais le lendemain. Mais il m'apprit que lorsque les oiseaux répandent

(1) Neque domi manere neque lanam facere, ut vix crediderim imperatorem unicum tali loco degisse.

ainsi leurs ordures par vengeance, les noms qui y sont inscrits viennent joncher la terre avec une profusion si grande que les autres oiseaux y reconnaissent partout le même signe. D'où il suit (de même lorsqu'une femme enceinte est effrayée par la vue soudaine d'un porc son enfant naît avec un visage de porc) (1) que pendant plusieurs jours tous les oiseaux de l'île répandent des excréments marqués du même signe. Le seul moyen d'arrêter l'accès de férocité de ces animaux est de leur donner un sac d'or à dévorer : on parvient en ce cas à leur faire rendre des excréments blancs ou marqués même de signes contraires. Les Diurnales, sans raison apparente, disent alors « que l'oiseau a *fait chanter* sa victime ». Mais il faudrait être un second Varron pour découvrir l'origine de cette manière de parler : pour moi je l'ignore et ceux que j'ai interrogés l'ignoraient comme moi.

Tous ces oiseaux se haïssent mutuellement et leur jalousie s'exprime de la manière suivante. Chacun s'efforce de répandre plus d'excréments que tous les autres ; à cet effet, quand ils ne peuvent pas obtenir d'or par les moyens que j'ai dits, ils se

(1) Porcinum os.

tournent vers les Diurnales,le bec largement ouvert (*inhiantes*), afin de les supplier de les gaver de bruit. On les repaît alors de sons de trompe et de battements de tambour : mais les oracles qui en résultent sont très médiocres, au dire des connaisseurs. Quelquefois ces oiseaux se couvrent d'excréments l'un l'autre : mais ils réussissent très rarement à se « faire chanter », aucun d'eux n'ayant la force de garder une provision de l'or qu'ils se procurent et qu'ils engloutissent toujours immédiatement. Cependant certains Diurnales, ayant remarqué que la nature les a doués d'un jabot, savent les faire vomir artificiellement quand ils se sont trop gavés. On dit alors qu'on leur fait « rendre gorge »; et, malgré le respect qu'on entretient pour ces oiseaux sacrés, parfois on est contraint de les emprisonner quand ils ont été trop voraces, afin de les faire vomir. Mais c'est un événement très rare : et, de plus, à ce moment,les oiseaux les plus hostiles vis-à-vis les uns des autres s'assemblent pour pousser des cris furieux. Et les Diurnales eux-mêmes redoutent beaucoup leur férocité.

L'excès de la haine que ces oiseaux éprouvent l'un pour l'autre les porte fréquemment à se livrer des combats singuliers que le peuple assemblé vient admirer avec extase. Et d'abord, après avoir fait la roue à la manière des paons, puis poussé des cris semblables à ceux des canards, sinon qu'ils sont plus forts et plus terribles, ils se mettent à glousser de satisfaction. Ensuite, ils élèvent leurs clameurs qui font trembler l'île et toute la surface de la mer.

Au moment où ces clameurs atteignent leur plus haute violence, ils se retournent et s'inondent d'excréments, en s'efforçant de hausser le croupion pour souiller le dos de leur adversaire. Enfin ils font volte-face et se ruent l'un contre l'autre à coups de bec et de serres. Les Diurnales guident le combat et les excitent à l'aide de longues tiges de fer très pointues et très acérées. La vue de ces tiges de fer et la crainte de leur piqûre semble augmenter la fureur des combattants, qui se labourent tout le corps en battant des ailes ; et comme il est très difficile de les diriger parmi ce tumulte de plumes hérissées, il arrive la plupart du temps que les Diurnales se blessent avec la pointe de leurs tiges de combat : mais ce ne sont jamais que des blessures légères. Comme ils se tiennent assez éloignés l'un de l'autre, les piqûres sont peu profondes et c'est presque toujours au poignet ou à la main que les accidents se produisent. Sitôt que l'un ou l'autre des Diurnales reconnaît sa méprise, on sépare les oiseaux qui ne peuvent supporter l'aspect du sang. En effet, à peine ces animaux l'aperçoivent-ils qu'ils perdent tout leur courage et défaillent. C'est le jugement de la foule spectatrice qui décide quel est l'adversaire victorieux. On abandonne aussitôt le vaincu et les Diurnales mènent le vainqueur en triomphe vers le temple où il rend hommage au Dieu dans une cérémonie que je décrirai en son lieu.

Il me faut dire auparavant ce que j'ai pu apprendre de la naissance et de la mort de ces animaux. Pendant leurs maladies ou leur vieillesse, ils répandent fort peu d'excréments, et le peuple n'attache aucune importance aux oracles qui y sont inscrits. Il en mourut plusieurs pendant notre séjour : mais les Diurnales tiennent leur mort soigneusement cachée. Les noms des morts sont inscrits dans le temple et tenus en très grand respect. On dit même que l'Etat fait construire un édifice pour y placer tous les excréments oraculaires des oiseaux morts afin de permettre aux savants de rechercher la vérité relativement aux anciennes prédictions (1). Cependant, ainsi que je l'ai dit, les oracles paraissent varier non seulement par la volonté du dieu, mais encore selon la vue de l'or, des armes et de la nudité des femmes. De sorte que l'étude de ces anciens excréments oraculaires apportera sans doute bien peu de certitude dans les annales des choses humaines.

Relativement à la naissance des oiseaux, voici la tradition commune. Les Diurnales se réunissent et inventent un nom pour l'oiseau qui doit naître. Ceci me paraît absurde : où a-t-on vu sur la surface de la terre désigner un nom pour ce qui n'existe pas? Cependant les habitants assurent que les oreilles exercées peuvent reconnaître ce nom plusieurs mois à l'avance dans les cris des oiseaux. Ensuite on recueille les excréments qui sont marqués de ce nom : en vertu de ce qu'on a vu plus haut, la fureur des oiseaux les porte à répandre des excréments marqués du même signe, quand ils sont animés de haine; et les Diurnales les nour-

(1) Publicas ædes ubi avium excrementa seu oracula [illegible] reponerentur.

rissent plusieurs jours du nom de l'oiseau qui va naître et qu'ils ne peuvent manquer de haïr. On y joint des excréments blancs, une petite quantité de plumes d'oie et d'urine, et une quantité suffisante d'or monnayé. Certains riches font parade d'en donner pour produire des oiseaux dont ils espèrent des oracles favorables; mais ils sont toujours déçus. Je n'ai pu savoir en quel lieu le mélange s'opère ni combien de temps dure l'incubation. La veille de la naissance de l'oiseau, pendant la nuit, le mur du temple se trouve entièrement souillé par des excréments qui portent le nom du nouveau-né.

L'oiseau naît le matin ou le soir (jamais à l'heure de midi). Les Diurnales le présentent aussitôt au peuple, devant lequel il lâche une infinité d'excréments; puis on le conduit au temple où il rend hommage au Dieu. Ensuite les Diurnales l'amènent parmi les autres oiseaux qui font mine de bien le recevoir et poussent de fortes clameurs. Pendant les premiers jours de son existence le nouvel oiseau s'efforce de rendre beaucoup d'excréments; d'ordinaire, au bout d'une semaine, les excréments diminuent; et les habitants pendant les premiers temps attribuent peu d'importance aux oracles qui s'y trouvent inscrits. Beaucoup d'entre eux meurent pendant cette première jeunesse. Leur vie dépend souvent de la diarrhée qui les saisit à la vue de quelque objet ou au son de quelque bruit. Si cette diarrhée se trouve agréable au Dieu (soit par son parfum, soit par une autre cause que je n'ai pu découvrir), la vie de l'oiseau se trouve assurée ; parfois même le Dieu le retient pour son service.

Les Diurnales assurent d'ailleurs que leur Dieu préfère à tout autre encens l'odeur d'excréments frais que répandent certains de ces oiseaux qui lui ont été voués.

Je terminerai ce qui est relatif à l'île des Diurnales en rapportant ce que j'ai pu apprendre sur le Dieu de cette contrée et le culte qu'on lui rend.

Il n'est pas permis aux étrangers de pénétrer dans le temple (1). Les habitants n'y sont admis que certains jours de l'année, à l'occasion des fêtes solennelles. Je n'ai pu même savoir le nom de leur divinité. Ils déclarent cependant que ce nom n'est point un mystère : mais chaque fois que je les ai interrogés à ce sujet, ils se sont mis à rire, en disant : « Vous le connaissez aussi bien que nous :

(1) Templum adire ξένοις nefas.

n'êtes-vous pas de la république ? », comme si leur Dieu fût *chose publique* (1). La nature de ce Dieu paraît donc fort incertaine, et tout ce que j'ai pu en apprendre, c'est que son humeur semble dépendre de la faveur populaire (*lacune ici dans le texte*)......... et dans leur plus récente guerre il se tourna subitement contre les habitants au lieu de les protéger contre les ennemis et parfois il bannit sans raison apparente les plus grands d'entre eux, et souvent il s'irrite contre les savants ou les écrivains; en un mot ses caprices paraissent extravagants et incompréhensibles. Quelquefois les Diurnales introduisent auprès de lui une comédienne; et pendant plusieurs semaines elle est couverte de pierres précieuses et d'or par la divinité; personne n'ose y contredire, pas même les oiseaux, qui l'entourent de clameurs et d'excréments favorables ; puis tout à coup elle est chassée honteusement du temple, et la divinité proclame sa colère par d'affreux sifflements. Depuis cent ans personne n'a joui de la faveur du Dieu pendant dix années consécutives,

(1) Passage ambigu : « Nonne tua res agitur in re publica ? » haud secus ac si deus publicum. (Tous les ms. portent *publicum* et non *publicus*.)

sinon quelques Diurnales, habiles à prévoir ses changements d'humeur. Il exige des sacrifices humains pendant sa fureur, et les anciennes histoires rapportent que pendant cinq années au moins on dut lui offrir le plus grand nombre possible de têtes coupées : à ce moment périrent un grand nombre de nobles et la divinité exigeait principalement les têtes des princes. Depuis, les riches redoutent constamment un caprice semblable ; d'autant que, les grandes familles ayant été décimées, les premières places de l'Etat appartiennent maintenant à des fils de marchands.

Voilà ce que j'ai pu apprendre sur le Dieu et sur son nom ; relativement aux cérémonies, je rapporterai ce que m'ont dit les Diurnales, bien que leurs discours soient contre toute croyance (1). Le temple renferme l'image du Dieu : mais on n'aperçoit que la partie inférieure de son dos ; nul n'a jamais vu son visage (2). Lorsqu'un oiseau a remporté la victoire, les Diurnales le mènent rendre hommage

(1) Præter humanam fidem.

(2) Le texte est plus fort : quasi culum dei cujusdam ; nullum unquam os ejus aspicere potuisse. *Culum* semble incroyable ; on a proposé la leçon *cultum* (?).

au Dieu. Les Diurnales eux-mêmes adorent son image de la façon la plus singulière. Voici comment on lui rend hommage. Le Diurnale s'agenouille (1)....

[Ici le texte de Publicola s'arrête.]

Tel est le passage rapporté dans les *Loci communes*.

Le glossaire de Pròktos cite sous les mots *vox*, *vomitorium* et *venalis* trois autres fragments de Publicola qui se rapportent à l'île des Diurnales.

Vox : *voce producta sicut Q. Publius in Itinere : avium clamor quasi peopl seu popl interdum voce producta.*

Vomitorium : *vomitoria sicut in Itinere ad Diurnales deum ascendere per vomitoria templi.*

Venalis : *distinguitur a venialis. Contendunt Diurnales haud aliter sonare verba venalis et venialis. Publicola. De significatione idem asserunt.*

« Le cri des oiseaux (de l'île des Diurnales) est *Pe-opl* ou *popl* par contraction...

(1) Cetera desunt apud Anatem

« Le Dieu monte vers les Diurnales par les vomitoires du temple...

« Les Diurnales prétendent que les mots *vénal* et *véniel* sont identiques quant au son. Ils affirment que pour le sens il en est de même. »

Laissons maintenant de côté dans les textes de Publicola tout ce qui ne concerne pas l'inscription de la stèle. Voici le sommaire des faits qu'ils nous apprennent :

Au temps de Trajan, Publius Publicola visite une île qui doit être située entre la Bretagne et la Grande-Bretagne (peut-être dans le groupe anglo-normand ?). Elle est gouvernée par des prêtres Diurnales. Il résulte du texte, d'ailleurs obscur, que le dieu des Diurnales paraît se nommer Publicum. Les oiseaux qui lui sont consacrés poussent le cri de *peopl* ou *popl* (cf. populus = people = peuple). Enfin, les Diurnales rendent leur culte à l'image tronquée du dieu Publicum. — Et dans un autre passage de quelques mots seulement rapporté par le même Anas, Publicola assure qu'il a vu se confirmer sous ses yeux la parole hardie du grand historien : *adorare vulgus*.

Il semble que nous possédons maintenant l'interprétation du texte de la stèle et de la représentation qu'elle nous offre. Le monument atteste le culte rendu au dieu Public par les Diurnales. Ce culte remonte au moins au temps de Romulus. Comme le culte des Arvales, comme le culte du chêne de Némi, on le trouve localisé à la fin du Ier siècle apr. J.-C. dans une île où il avait peut-être été introduit lors d'un débarquement de César. Il paraît évident en effet que César, tout en « laïcisant » le culte de Public, tout en créant le *journal* accessible à tous, dut favoriser l'ancienne coutume religieuse. C'est maintenant affaire aux savants, aux historiens des religions, de suivre encore plus haut dans les annales de l'humanité les origines du journalisme, le culte du public.

## *LE JOURNAL MODERNE : SOUVENIRS*[1]

En avons-nous passé, de ces bonnes soirées d'hiver, autour du poêle de fonte qui ronflait et rougissait dans l'ombre, bourré des liasses de la *Sentinelle de Paris*, anciens « bouillons » poussiéreux que le vieux garçon de bureau, Nicodème, gardait précieusement dans le coffre à charbon! Là était le vétéran Népomucène Brandebran, qui avait connu Janin, Paul d'Ivoi, Villemessant, et même les derniers jours du premier Empire; Julius Prout, un peu gaga déjà, qui allumait patiemment son brûle-gueule vide avec de longs *fidibus* qu'il croyait enflammer aux ampoules électriques ; Pimprenelle, dont la respiration asthmatique s'exhalait entre les dents avec un long sifflement ; Ducos, sec et maigre,

(1) Extraits de *Trente ans de m—e*, souvenirs d'un publiciste.

sanglé dans sa redingote, la longue pipe Gambier aux doigts, l'œil gris encore plein des lointains de l'Océan; Chinchilla, qui avait connu tous les Présidents de la République; Moquefort, la bête noire de l'Empereur; l'antique reporter Troupeau, qui mangeait un gigot sur la fourchette; et Montdore, et Fromageon, et le spadassin Cervelas, et l'intrépide Videgueule, et l'insaisissable Poilmain, et le vieux démocsoc Barbichon, et Poisson le *galantuomo*, et l'élégant Rotulasse, et le spirituel Douilloche, et Notre Maître Francisque Sarcey qui pouffait sur une chaise dépaillée!

Ah, c'était le bon temps des journaux, mes amis, qu'on refaisait, sur le coup de minuit une heure, l'histoire de Paris autour d'une canette de bière; tandis qu'un blanc-bec attardé demeurait coi, tout ébloui, à nous écouter, le pain à cacheter sur la langue, les ciseaux ouverts à la main; et que le vieux cheval de retour des chroniques, au coin de la table, laissait courir sur les feuillets son porte-plume de bois rouge, sacrait contre l'encre boueuse de la petite bouteille à deux sous et souriait à sa copie. On disait là des choses éternelles, des potins, des saletés, des rosseries, des âneries, et tous les mots des actrices, et toutesles nouvelles des b — ls, et principalement ce qui mijotait dans les théâtres, et ce qu'on cuisinait dans les bureaux du ministère, et qui palpait ci et qui palpait là, et quel patron trinquait du plus gros pot-de-vin, et quelle gourde se faisait enfiler, et quelle était la personne la plus amoureuse de la société, y compris le blanc-bec nouveau, qui, d'orgueil, se faisait cramoisi comme une belle pivoine.

C'était l'époque barbare, sans doute, où les chaises n'avaient que trois pieds, où les plumes crachaient des étoiles d'encre sur les feuilles sales, où les verres égueulés servaient à tout, et à autre chose, tandis que les vieux chiens fidèles, qui veillaient à la grille de la caisse, retroussaient leurs babines aux tapeurs en montrant des dents jaunes, et glissaient la pièce de cent sous dans la main du bon rigolo, pour la demi-tasse et le domino-jaquet-manille au café de Madrid; le siècle étrange où ce Baudelaire, qui plus tard prit la haine des journalistes, épouvanta l'imprimeuse du *Journal de Châteauroux* en lui demandant « où était l'eau-de-vie de la rédaction »; où on pariait au sémillant Paul d'Ivoi d'imprimer le mot m — e au milieu de son

Premier-Paris, sans qu'aucun lecteur s'en aperçût, et où Paul d'Ivoi refusait (elle est toujours bien bonne ! disait Villemessant) ; où le patron seul portait monocle et Théophile Gautier aspirait vainement à la gloire de rédiger la chronique de la mode !

Où êtes-vous, temps surannés, Brandebran, Poisson, Pimprenelle, Videgueule et Barbichon ? Mais où sont les journaux d'antan ? Où sont-ils, Presse Souveraine ? Ne me le demandez pas : vous ne le savez que trop.

Un de ces soirs-là notre conversation tomba, par hasard, sur l'utilité des journaux.

— Ah ! mes enfants, dit Notre Maître, en soufflant sur ses lunettes et en les essuyant d'un geste familier, tenez, il n'y a pas une heure, ce bon de Parville me racontait qu'il en avait trouvé un excellent usage. Il paraît que ces sacrés diables de moineaux lui mangent tout son grain à la campagne. Savez-vous ce qu'a fait de Parville, qui n'est pas une bête ? Ecoutez donc : « Pour lutter contre les moineaux qui me mangent ma graine, j'ai tout bonnement semé, et recouvert la terre d'une série de journaux bien étendus et fixés sur la place par des pierres ou des corps lourds, de façon que le vent ne puisse les enlever. « Votre herbe ne lèvera pas — affirma sentencieusement le jardinier. Elle lèvera. — Jamais de la vie! » Et pour que l'expérience fût nette, je laissai tout un carré de terre bien semé et seulement défendu, selon la méthode connue, par des fils tendus et des branchages.

« Le tout fut arrosé également, sans toucher aux papiers. Résultats, avec le temps chaud mais variable que nous avons eu à la fin de mars : terre protégée par les journaux, germination en 11 jours; terre défendue approximativement par les fils et ensoleillée, 16 jours.

« Ainsi la germination sous journaux, c'est-à-dire presque à l'obscurité, s'est faite, non seulement très bien, mais plus vite que dans le carré ensoleillé. Et les moineaux ont été refaits! A quoi peuvent servir les journaux (1)! »

— Hein, le journal? Ça sert d'épouvantail à moineaux, et par-dessus le marché, ça vous fume la terre com. e un sac de guano!

(1) Henri de Parville, *les Débats*, 16 avril 1903.

Vous n'auriez pas trouvé celle-là, hé, l'enflé ? Ça vous en bouche un coin, comme dit l'autre?

— Ça, notre maître, dit Pimprenelle... moi je connais un type qui les comprime à la presse hydraulique : il prétend qu'il fera des pavés en papier.

— On roulera sur les journaux, après s'être fait rouler par eux, dit Moquefort.

— Moi, dit Ducos, vous savez, je suis superstitieux comme tous les vieux marins : les journaux, ça m'a joué un sale tour dans une croisière. Je ne m'en servirais pas pour allumer ma pipe. Tenez, regardez plutôt l'autre, là, qui fait téter l'ampoule à son fidibus : bougre de c... ça ne s'allumera pas ! C'est un morceau de *la Sentinelle de Paris !*

— Voyons, dit Montdore, non, Ducos : c'est l'ampoule qui empêche.

— Et moi je vous dis, cria Ducos, que c'est le journal, le sacré journal. Ça ne s'allume pas — ça n'essuie pas — ça ne sert à rien, pas même à boucher les trous, et, parole d'honneur la plus sacrée, ça attire la m — e !

— Ça, c'est trop fort, dit Notre Maître. Ducos, expliquez-nous ça.

— Eh bien, voilà, dit Ducos après avoir bourré

sa pipe, qu'il alluma au briquet, en protégeant soigneusement l'amadou de son pouce. C'est toute une histoire. On nous avait fait stationner en 1873 de février à mai dans les eaux de Rarotonga, Pacifique Ouest. Un des copains avait eu l'ingénieuse idée de monter un petit trafic de *copra*. Mon Dieu, dans ce temps-là, ça n'était pas difficile. Je crois bien que maintenant on serait plus sévère, mais il y avait un tas d'Anglais qui ne faisaient que ça sur leurs *schooners*. Avec deux trois paquets de tabac et un coup de pied au derrière, les noirs vous apportaient votre tonneau de copra. C'est brun ; c'est huileux ; ça ne sent pas la rose ; mais, après tout, ça vaut un joli denier quand c'est vendu en Europe. Enfin, bref, nous avions frété une goëlette qui devait aller livrer à San Francisco, et la marchandise était commandée. Pendant que nous l'attendions, nous recevons dans le coin de la gueule un de ces cyclones — non, mais là, vous savez, un coup de torchon soigné. Nous étions sur trois ancres : mais on sentait tout ça tendu... à sauter d'un coup de tan jusqu'à Tahiti. Et, pendant trois jours, dans l'eau verte et le ciel noir, et vive la joie ! — Bon. — Nous ressortons de là. Mon vieux, là, l'île était comme ma main. Les cocos par terre... plus une bougresse de feuille de palmier. Tout ça raflé, dans les grandes largeurs. — Bon. — Pour le copra, y avait du bon : il était toujours là. Ces animaux l'avaient f... sous leurs pierres... est-ce que je sais ? Mais pas moyen de couvrir les tonneaux. Les voilà qui s'amènent, avec leur bon Dieu de jargon : *Kalofa, tapa, tapa.* Du papier ! Croyez-vous qu'ils sont malins les singes ! Ils n'avaient plus de feuilles de cocotier pour tresser les couvercles à nos tonnes ; ils ne voulaient pas se servir de leur *tapa*, que les femmes fabriquent avec de l'écorce : ils nous avaient vu lire *l'Opinion nationale...* ils en voulaient, ils en demandaient. — Bon. — Nous leur envoyons des paquets de vieux journaux. Ils arrangent ça avec leurs cordes de fibres bien proprement, comme des pots à moutarde, le copra dessous, les journaux dessus — et va comme je te pousse, dans la cale. Ils rigolaient, en travaillant, ils rigolaient ! Moi, n'est-ce pas, je ne me méfiais de rien : les noirs, dans les îles, ça rigole toujours. Rigoler, pioncer, prier : voilà l'emploi de leur temps. Donc, ils s'en vont — en nous envoyant des baisers sur leurs mains — des reniflements, vous savez, des *songhi*, avec des *tofà ! tofà !*

Adieu, adieu! Et les charognes rigolaient toujours.

Enfin j'embarque avec mon matelot. Nous filons entre les coraux, nous débouchons de la passe — et bonsoir. C'était une nuit épatante, après le grand cyclone. L'air était doux à faire pleurer. On entendait le ressac sur la barrière de corail; les cordages chantaient sous le vent; la lune montait comme un ballon en feu dévoré par une gueule de nuage noir. Moi, sous le fanal, je rêvais à m'envoyer là-bas une petite peau blanche après avoir été condamné à plusieurs mois de morceaux de charbon dans ma couchette... pouah!... enfin je filais dans la poésie, quoi! Tout à coup, j'entends la voix de mon matelot.

— Mon commandant!

— Eh bien, qu'est-ce qu'il y a de cassé? lui dis-je. Il répète, tout bas, en hésitant :

— Mon commandant, il fait une drôle d'odeur, sous le panneau.

— Une drôle d'odeur, lui dis-je? Eh bien quoi, ça sent le copra, ça pue...

— Pardon excuse, mon commandant — ça ne sent pas le copra — c'est comme qui dirait, mon commandant, que ça sent la chose de — enfin la m—e, quoi!

Mon vieux, ç'a m'a fait comme un éclair. Nous tirons le panneau; nous descendons; — nous crevons le papier, le sacré papier, du premier tonneau. Savez-vous ce que c'était? Du copra? Je t'en f...! Non.

C'était de la m—e, mes amis, de la m—e de Papou! Voilà l'effet de *l'Opinion nationale!*

— Ah, mes enfants, si on peut dire! s'écria Notre Maître! Voyons, Ducos, c'étaient des sauvages, des manières de sans-soin, des innocents noirs — il ne faut pas juger là-dessus!

— Pour ça, dit Fromageon, d'un air morne, rappelez-vous que le typo qui coiffa le patron du grand canard d'un pot de chambre rempli jusqu'à la gueule, devant le café Riche — rappelez-vous qu'il avait attaché dessus un journal. Ça ce n'est pas une coïncidence; c'est positif. Il y a des gens qui l'ont vu. Il n'y a pas de superstition là dedans, vous savez. C'était un grand vase de nuit plein de m—e, et la m—e était couverte avec un journal. Tout le monde peut s'en souvenir ici.

— Je ne dis pas, murmura Notre Maître: mais là, Fromageon, le cœur sur la main: ça n'est pas une idée extraordinaire. Tout le monde en aurait fait autant. On sait bien à quoi ça sert, un journal!

Que parlez-vous de journaux, dit le bon Troupeau qui justement revenait des cabinets. Je ne m'en sers plus. Je crois qu'ils m'ont tout gâté le fondement. Le docteur de *la Presse populaire* m'avait bien dit que ces papiers nouveaux contiennent je ne sais quels ingrédients chimiques très contraires à la santé du corps. Le diable emporte la chimie moderne et les encres perfectionnées! Nos pères se servaient très bien de leurs gazettes, et ne s'en portaient pas plus mal. Il est vrai qu'on les payait trois sous. Aujourd'hui on nous fournit de la camelotte à cinq centimes.

— Avez-vous lu, dit Notre Maître, le chapitre que Rabelais a écrit sur les torche-culs? Dieux, que nous pouffions à Massin en lisant ça, moi et About. Taine n'y a jamais rien compris. Eh bien, moi, mes enfants, je trouve ça très fort. Oui, oui, très fort. Rabelais dit qu'il n'y a rien qui vaille un oison, pourvu qu'il soit bien dumeté. Essayez donc de l'oison, Troupeau.

— Si vous aviez comme moi, répondit le pauvre Troupeau, votre trou du c — l en compote, vous ne ririez pas si fort. Le diable emporte les journaux à un sou et les oisons qui les ont faits, dumetés ou non!

— Troupeau est misonéiste, murmura l'intrépide Videgueule. Qui n'a pas ses petites misères inférieures ici-bas ?

— Moi, dit le vieux Barbichon, voilà quarante ans que je me sers de mon *Petit Quotidien*, été comme hiver, et je n'en suis pas incommodé. Dame, si vous prenez des feuilles à polémique virulente...

— Ça n'empêche pas, interrompit Pimprenelle, que le papier ne vaut plus tripette. Les doigts passent à travers. Vous parlez de Rabelais : il n'avait pas de journaux, Rabelais.

— Voilà justement, expliqua Moquefort, pourquoi il se servait de ses oisons, en leur mettant toutefois la tête entre les jambes.

— Laissez-moi donc tranquille, cria Fromageon, avec votre Rabelais! On vend du papier américain partout, dans les bazars. C'est solide ; c'est propre ; c'est antiseptique. Et ça ne porte aucune maculature intellectuelle. Nous avons fait des progrès, que diable! Sommes-nous au dix-neuvième siècle, oui ou non ? Eh bien, alors ?

Je me souviens, dit le spadassin Cervelas, que l'an cinquante-deux, un peu après le 2 décembre, nous vivions d'ordinaire dans la cave, à cause des balles perdues et des ratapoil. Le comte de Mouillegroin (que tu as vaguement connu, je crois, mon vieux Poisson), nous avait permis, en vrai gentilhomme, d'occuper ses communs de la rue de Verneuil : j'étais de son cercle. Il fallait vivoter rive gauche, hélas! Et pas le moindre bout de carton ; pas de *bac :* ni bûches, ni fleurets, ni pistolets. C'était tout simplement mortel. Enfin, je me décide, par un froid de canard, à affronter les blouses blanches sur les grands boulevards, pour acheter *l'Officiel* et savoir sous quel gouvernement nous étions. Je rase les murs. Des hommes à grandes barbiches noires me marchaient sur les pieds. Je me contiens. Un colosse moustachu me défonce le ventre de son coude. Je passe sur l'autre trottoir. Voici que je reçois un grand coup de pied au derrière. Je n'ai garde de me retourner :

mais je devinais à qui j'avais affaire. J'avais senti trois rangées de gros clous. Enfin, aux Italiens, je me trouve pris dans une bagarre : et, ma foi, je m'enfile dans la première pissotière. Les forcenés battaient le manchon de tôle à coups de poing. Je tourne doucement : on avait barricadé la sortie avec deux bancs arrachés. Que devenir ? Je considérais tristement un gros morceau de pain qui mijotait sous le filet d'eau, près d'un demi-numéro du *Siècle*, quand soudain s'abat sur moi je ne sais d'où, une sorte de trombe, un ouragan liquide, un orage d'égout, tout pétaradant, tout ronflant, tout borborygmant de furieuses matières giclant en triple décarrade d'un tonneau débondé... Ah mes amis ! Il faut croire qu'en cette seconde, l'instinct me donna le génie de l'audace : car je me trouvai libre, sans savoir comment — et seul — mais en quel état ! Mon pardessus pleurait à grosses larmes que je n'osais essuyer. Je considère les alentours. Tout était très calme. Une femme dans un kiosque à journaux me fut une vision familière de salut. M'approchant avec politesse, je lui demandai *l'Officiel*.

— Tenez, Monsieur, me dit-elle : mais d'abord ôtez votre pardessus !

— Vous pensez si je fus surpris — et déconcerté : car je sentais que ce pardessus était intérieurement fourré et doublé d'une doublure « trop plus sentant, mais non pas mieux que roses ». La créature insiste :

— Otez-le vite, avant qu'on vous voie !

Mon sang ne fit qu'un tour.

— Voilà, qu'y a-t-il ? murmurai-je.

Alors j'aperçus avec terreur, au milieu du dos, la marque d'une main, aux doigts spatulés, d'une main gigantesque ; elle avait été de craie, mais elle était maintenant de bitume, ou autre chose d'approchant en couleur — Messieurs, je vous le jure, — une main de m—e !

La police m'avait marqué : le journal *l'Officiel* me sauva la vie ce jour-là. Qu'en dites-vous ?

— Je dis, conclut Notre Maître, que nous en avons vu bien d'autres sous l'Empire, avec About. Mais quelle chandelle vous devez au journal, Cervelas, mon garçon, au journal, au bon journal ! Sacré journal !

En 1811, dit Brandebran, l'année de la comète

et des grands crus, que le vin nouveau faisait (sauf le respect de Notre Maître) ch—r doux et mou sous tous les quinquets, j'étais, tel que vous me voyez, rapin servant à l'atelier du baron Gros. La peinture en ce temps-là menait à tout. Car nous avions le culte de la ligne. De la ligne aux lignes; de la croûte au canard : c'est la devise de ma vie. Faites un bon contour, nous disait Ingres, et (en tout bien tout honneur, Notre Maître) ch—z dedans. Je portais la belle cravate, faite d'un torchon à palette, et la culotte de peau (de zébi, dit le spirituel Douilloche). Justement, reprit Brandebran. Vous savez, les jeunets, ce qu'étaient les rapins servants. Il fallait mêler les couleurs, cirer les bottes, acheter la tranche de Brie, éplucher les saucissons (est-ce une allusion? cria Cervelas) — et, acheva Brandebran, passer le balai dans la cambuse. L'hiver, on avait froid aux doigts, et les anciens vous bouchaient le feu. Enfin c'était dur. Nous avons bien ri tout de même. (On rit toujours, dit Notre Maître). Voilà qu'un jour le loustic de chez nous (n'était-ce pas Delaroche?) apporte, avec tous les égards qui lui sont dus, un superbe étron (Messieurs, saluez), fait de carton-pâte. Nous le mettons sur la planche à modèles. Le patron entre. Delaroche s'écrie :

— L'odeur de céans est plus que gothique et les modèles que l'Italie subjuguée abandonne à la France nous abreuvent sous l'ignominie de leurs défécations. Oyez, oyez, Messieurs de la masse ; voyez, voyez, si j'ose dire, cet étron encore tout fumant de gloire !

Le baron Gros, qui avait la vue courte, s'approche — puis recule.

— Jeunes gens, dit-il, quand aurez-vous donc le respect de vos maîtres ? Rapin servant, emportez ceci sur la pelle, et brûlez du sucre. Jeunes gens, soyez sérieux.

— Pardonnez-nous, Maître, dit alors Delaroche ; ce n'était, comme on dit, qu'une fumisterie : il est de carton-pâte.

Il est de carton-pâte !
Et peint en pleine pâte.

chanta le chœur.

— Vous le jurez sur la glaive de Romulus ? dit Gros en souriant.

Nous le jurons !

reprit le chœur.

— Voyons cet objet nouveau, dit Gros. Il prit (notez le point) *le Moniteur de l'Empire*, et saisit le jouet au moyen de ce journal, pour protéger ses doigts. « Gare la graisse ! » cria un débraillé.

— Que vous êtes enfants ! dit le baron, après avoir scruté la chose du bout des cils ; soyez mâles, que diable, soyez peintres. Fils de Mars et d'Apollon, laissez les viles matières. Et corrigeons la croupe de cette Nymphe sylvestre.

Je ne fus pas du complot qui suivit. Non, je n'en fus pas : car je le déclare grossier et méprisable. Toujours est-il que, le dimanche suivant, de fort grandes dames annoncèrent leur visite à l'atelier. Nous étions sur notre trente et un. Le baron Gros les fit entrer. Elles regardèrent tout, en minaudant, et à l'aide du face-à-main. Une sorte de Diane hautaine s'approcha de la table, clignant des yeux, et s'écria :

— Quelle horreur !

Là reposait un étron nouveau, chaud, coloré de teint, et qui n'avait point encore de barbe, moulé selon les règles, et de bonne mesure.

— Mesdames, dit le baron, ne vous alarmez pas. C'est une déplorable plaisanterie que ces jeunes gens m'ont faite encore. La chose est innocente. Voyez plutôt.

Il ne prit pas cette fois (notez le point) *le Moniteur de l'Empire* et d'un geste galant offrit l'objet. Mais l'objet lui fondit dans les doigts.

Il est en pleine pâte !

hurla le chœur.

— Elle est forte, mes enfants, dit Notre Maître, mais bien préparée. C'est de la bonne grosse farce de nos pères. Diables de gens! Ils avaient le goût salé. Eh bien, voyez-vous, au fond : un journal ça a son utilité, ça sert. Hein? C'est toujours bon à ça, comme dit l'autre. Sacré Brandebran! J'ai ri, tout de même. Tenez, j'en perds mes lunettes. Ah! le journal, mes enfants, le journal!

## *LES « CENT BONS LIVRES »*
## *DU JOURNALISTE*

**Commentaires de Napoléon**, par MOUFLE.

**Balzac Phanérogame**, par HANNETON, *de l'Académie Française.*

**Les Immarcescences Mauves**, par SYMONE HUMEPET.

**Les Forceps**, pièce à thèse sur les Médecins et le Mariage.

(Prix fondé à l'Académie française par les Chirurgiens-Dentistes.)

**L'Orchidée Exacerbée**, par ANGELOT MITONMITAINE.

/ MANUEL FLAPY. **Un Précepteur d'Energie.**

**Les Névroses Vibratiles**, proses libres.

**La Passion Inverse**, roman d'amour moderne.

**Comment on défend ses Pieds**, par le docteur BARATIER.

**Ruismes et Truismes**, par EDGAR DE LA MUFLIÈRE.

GAMALIEL ANOTUS. **Le Choix d'une Canule.**

**Le Panmuflisme**, d'après FLAUBERT.

**Bien Parisien!** par LÉVY-COHN.

**Hydrothérapies Féministes**, par LUC.

**Les Propos du Père Conderue**, par FRANCISQUE COPPECOILLE, *de l'Académie Française.*

**Ça n'est pas mon Papa!** par HOMAIS FILS.

**Enquête sur la V — e**, par UN AVARIÉ.

**Les Demi-Puc — ges.**

**Le Guano Mondial.**

Soupe-çonnons! par SONNERIE.

**Le Derrière de Byzance**, par GASTON SCHLOURFEGLAIRE.

**Les Races Bleues et leur influence sur la Mentalité des Races Aryano-Libyennes.** — Suivi d'une **Etude sur la Capacité Crânienne des Péd—s Tatoués**, par M. le Professeur POMPOSO.

**Le Plan de Dieu dans l'Evolution**, par PÉTAVEL-OLLIF.

MOLLUSQUE. **La Dégénérescence Glaireuse Génito-Urinaire chez les Intellectuels Supérieurs.**

**L'Adoration de l'Impur.**

**Elagabal.**

**Fusions d'Extases.**

**Ah! Que J'Rigole!** (Collection des Auteurs Ironistes.)

**M—e! c'était mon Gigolo!** saynète pour Salons.

**Les Vadrouilles Impériales.** Excursions Morganatiques dans les bas-fonds de Paris de LL. AA. SS.

**L'Avenir de Tamatave et les Parcs aux Huitres,** par UN JEUNE COLONIAL.

**Le Suspensoir de Napoléon à la bataille de Waterloo.** — Documents Inédits.

**Souvenirs de 1870,** par le général LATROUILLE.

**Les Cravates de Stendhal.**

**Les Trois Amants de Venise,** orné de photographies instantanées.

**La Zoophilie,** avec planches, chez CUBE.

**Les Demi-Lapins.**

**Uranie ou l'Amour Grec,** édition populaire en livraisons illustrées : dix pour 0.05 centimes.

**Manuel de Mast—n.**

**Le Récital Mystérieux.** (Histoire d'un Musicien.)

**Mélomanes et Philatélistes.**

**Dictionnaire des Invendus.**

VENTRON. **Psychologie du Public de Théâtre.**

**Les Temps Futurs**, par Rondouillard.

**Le Monde Moderne**, par Poirmol.

**Napoléon mangeait-il des œufs pochés ou mollets?** (soixante et dix-huitième édition).

**Trente ans de M—e**, souvenirs d'un Publiciste.

**Le Père Lacordaire et le Malthusianisme.** Etude religieuse et sociale.

**Le Réveil du Népotisme.**

**Pages Choisies pour Ceux qui n'ont pas le Temps.**

**L'Automobile Reine de l'Univers.**

**Œuvres Complètes** de Francisque S—y. Avec Index et un Calendrier Perpétuel des Critiques.

**J' Marche Pas!** par Bol, pièce représentée au Théâtre Français.

**Le Fils de Boileau**, tragédie en vers représentée au Théâtre Libre.

**Napoléon Pornographe**, par Un Archiviste.

**Coup d'Œil Gœthien sur la Décentralisation Régionaliste**, par Un Déraciné.

**L'Antisémitisme de Wagner dans ses rapports avec l'Accord de Neuvième**, essai de sociologie musicale.

**La Dépopulation Nationale**, par Mercure d'Hydrargyre.

**Mort à l'Elément Saxon!** par Un Humanitaire. (Proposé pour le prix Nobel.)

Patepelu. Renan et le Concordat.

L'Emotivité Génitale chez les Poètes Lyriques, par le docteur d'Escarbagnas.

Compte-rendu du Congrès International tenu à Berlin contre les Sauterelles Exotiques.

Chansons naïves.

Chrysanthèmes de Fjords, poèmes.

De la Supériorité des Peuples Auvergnats.

Ambiances Tanagréennes, sonnets Humanistes.

Phalange Epique, récit Napoléonien.

Despelouses et Desbosquets. Le Naturalisme en France.

(Lectures faites au *Coleum* de l'Université de Titicaca [Mexique].

Au Hasard de la Fourchette, études de critique littéraire.

L'Instruction Intégrale. Par Un Diplomé de l'Enseignement Moderne.

Baudelaire à la Portée de Tous.

Le Petit Nietzsche des Gens du Monde.

La Psoriasis de Napoléon à Sainte-Hélène, par Lord Lillybug.

*Psychopathia Sexualis.*

Le Public des Musées nocturnes, par Athanase Philippe.

**Les Tuberculeux Passionnés**, roman contemporain.

**Comment on défend ses Organes urinaires**, par le docteur AUBEFLEURIE.

**Génie politique du Cardinal Rampolla**, avec traduction de ses **Pensées Intimes** par LUCE FÉLIX.

**Outre-Lune**, par NOC.

**Frisselis savoureux**, contes égrillards.

**L'Ignorance**, grande encyclopédie démocratique.

**L'Enigme de l'Au-Delà**, par MADAME DE CORINTHE.

**Le Parfait Manucure**, avec reproductions en héliogravure et quadruple tirage en couleurs des ongles de : *Napoléon*, *Chateaubriand*, *Balzac*, *Alfred de Musset*, *Mme Récamier*, *Renan*, *Veuillot*, *Buffalo-Bill*, *Taine*, *Sarcey*, *Little Tich*, *Tolstoï*, *Gabriele d'Annunzio*, *Ravachol*, *Alfred Dreyfus*, *La Duse*, *La Patti*, *Joseph Chamberlain*.

**Sales Youpins**, par UN JUIF REPRÉP — TIÉ.

**Berceuses d'Aïeule**, par la Comtesse de FOLLEMOTTE.

**Le Député Lemaitra**, par JULES LEVEAU, *de l'Académie Française*.

**Faut-il prendre des Précautions?** (conseils du Docteur).

Programme du Grand Congrès de la Race Blanche : 1° Interdiction de tout travail rémunérateur aux Jaunes, aux Nègres et aux Juifs ; 2° Extinction progressive des tuberculeux par la relégation.

PARIS, NEW-YORK, SYDNEY.

La Question de la Vaseline.

La Tare Originelle des grands Ecrivains, par le Dr Pôdnœ.

*Cake-Walkons !* scènes parisiennes.

Clef des Cultes Phalliques (Librairie Occulte).

Lebobe et Trouillet. Les Chefs-d'Œuvre Classiques.

Catalogue de ma collection de Vieux Incunables du Dix-Huitième Siècle, par Le Bibliomane du *Petit Quotidien.*

Album de Joliesses Endeuillées, par la Princesse Belqueux de Wageincourt.

Luc Inverti. Annales de l'Occultisme.

Répertoire Méthodique du Grand Dictionnaire Larousse, auquel sont joints les Principes Elémentaires pour le Déchiffrement du Texte. Suivi de Conseils sur l'Orthographe des Noms Propres dans le Supplément. Par E. Figuet et G. Larousset.

Neurasthénie des Lys, par ARYSTYDE MOUCHE-CHOUART.

BOUCHON. Microbe de la « Diarrhée littéraire ».

Un Ennemi de la Société : le Président Magnaud.

Pétition pour le Mariage par la Volonté d'un Seul.

Interviews Complètes d'ERNEST RENAN, classées par ordre des Matières. A l'usage des Jeunes Reporters.

GEORGES GODEFROY. L'Art Populaire dans les livres de J. Barbey d'Aurevilly.

Statuts de la Ligue contre les Droits de l'Homme de Couleur. — Au Siège de la Société de secours aux Animaux.

Les Artistes du Peuple. — Première série : Whistler, par l'Auteur des REMONTOIRS PARISIENS.

Esthétique des Foules, par I. BAVOLET, professeur de Philosophie au Collège de France.

Les Quatre Mousquetaires (traduit du polonais), par SIKOSAKICH.

Almanach Général des Sujets de Vaudeville.

LA FORCE NATIONALE : — trilogie de Romans.

I. Deux Vies parallèles.

II. Les Membres de l'Académie.

III. L'Erection des Statues.

**L'Annunziation de la Vierge**, roman imité par l'italien.

**La Renaissance de l'Homaisisme**, par GASTON DESCAMPAGNES.

**Traité du Sublime**, attribué à JULES CLARETIE.

**Napoléon et les Punaises d'Italie**, par BAUDET.

**Quelqu'un, quelque chose**, roman, balzacien, par FÉLIX HARANSAUR.

**Il y a Quelqu'un!** — Monologue, par EDOUARD VIBRECOURT.

**Grand Almanach Gotha des Parvenus.**

**Le Livre des Snobs** (revu et augmenté).

COPLESTONE. **Conseils à un Jeune Critique.**

SWIFT. **Conseils aux Domestiques** (1).

Et le *Dictionnaire de la conversation polie*, par le même Swift (accommodé au goût du jour); auxquels je vous prie en grâce de joindre ce petit *Traité de journalisme* fait et composé par Loyson-Bridet votre très humble serviteur; tous livres que vous pourrez commander selon votre gré à la Librairie des Gens du Monde, chez Hector; d'autant que

(1) Mlle Yvonne Kerlord, belle et plantureuse personne, représente une Opinion Publique infiniment plus stable et mieux assise que *celle dont nous sommes les serviteurs quotidiens*.

(*Le Figaro*, 30 novembre 1902.)

les ronds-de-cuir auraient peut-être l'audace de vous les faire attendre — ainsi que messieurs les reporters s'en plaignent souvent — si vous alliez vous aviser de les demander à la Bibliothèque Nationale.

# PREMIÈRE PARTIE

## *DU STYLE EN GÉNÉRAL*

Pour donner de l'originalité à votre style, faites-vous un petit répertoire personnel de citations des poètes classiques, des poètes modernes, des proverbes latins, français, italiens ou espagnols; évitez l'anglais et l'allemand, dont l'aspect rebutant paraît inintelligible, à l'exception toutefois de quelques termes de sport, ou d'un mot tel que *Weltpolitik*, mis à la mode par l'Empereur Guillaume II. Le *Petit Dictionnaire Larousse* contient la série complète de ces locutions utiles; cependant elles ne sont pas toutes d'usage courant et le débutant serait en danger de s'y égarer. Beaucoup d'entre elles seraient mal appropriées au public lecteur des journaux quotidiens, qui aime ses habitudes. On a donc cru devoir, à la fin de ce volume, dresser une liste sommaire de ces « bonnes locutions et citations » qui font valoir un article comme de jolis revers de soie seyent à une redingote à la mode : elle a été soigneusement colligée dans les quotidiens contemporains. Il a paru inutile d'y joindre des explications d'origine ou d'emploi. Un jeune homme qui se destine au journalisme n'a pas le temps de se livrer à des investigations bonnes pour des spécialistes ou des érudits. *Time is money*. (N. B. — De bons journalistes écrivent souvent TIMES *is money* le journal le TIMES étant bien connu du public) (1).

Pourtant le souci de la décoration ne doit jamais vous absorber au point d'oublier que vous écrivez pour le public et qu'il faut lui plaire. Souvenez-vous que vos lecteurs n'aiment pas à faire effort et préfèrent s'instruire comme en se jouant. Il est pénible aussi de constater son ignorance en un sujet que l'on croyait connaître. Si jamais votre fortune vous impose d'instruire le public sur des choses qui lui sont familières, ayez soin de l'y préparer doucement et d'avouer dans votre préambule qu'avant d'avoir été avertis par un savant (que vous nommerez) vous étiez en même ignorance que lui. Ne craignez pas de vous railler vous-même à cette

(1) *All's weell* qui finit bien. Mais *Times is money* et il est inutile de s'attarder aux bagatelles de la Porte, sublime ou non.

(*Gil-Blas*, 8 mai 1903.)

occasion, et de vous rendre bien stupide aux yeux de tous. Quoique votre rôle soit d'être immédiatement supérieur au public, il ne faut pas, si vous voulez lui plaire, le lui faire sentir. Vous n'aurez jamais plus de succès que lorsque le dernier de vos lecteurs croira être plus savant ou plus spirituel que vous. Chaque homme aime à se persuader qu'il a plus d'intelligence et d'esprit que les autres. Votre office est de l'y aider. Vous devez le fournir de bons mots, sans en avoir l'air, comme les sots de cour en fournissaient leurs rois.

Supposons que vous désiriez enjoliver votre phrase du souvenir d'un vers de M. Jose-Maria de Heredia. Choisissez donc son sonnet le plus célèbres, les *Conquistadors;* c'est le plus familier à vos lecteurs. L'auteur des *Trophées*, qui est poète, n'a point à observer la même discrétion que vous, et il ne craint pas d'écrire:

> Et les vents alizés inclinaient leurs antennes...

laissant entendre par ce qui précède que les *antennes* sont partie du gréement du navire.

Mais le public qui vous lit ne connaît probablement d'un bateau que les mâts et les voiles; de même il ignore (et peut-être vous, qui n'êtes point marin) ce que sont les vents alizés. Supprimez donc le mot *vents*, qui vous entraînerait à de dangereuses explications, et unissez habilement les termes techniques *alizés* et *antennes*, lesquels s'expliqueront bien l'un l'autre. Et notez que vous y gagnez d'étonner à la fois votre public et de flatter sa mémoire.

Vous écrirez donc :

L'on ne peut plus se tromper sur l'état de l'atmosphère politique. Décidément les *alizés* n'inclinent plus leurs *antennes* du même côté. Le vent dans les hautes couches va changer de direction.

(*Le Temps*, 20 octobre 1902.)

Souvent aussi on trouve avantage à employer les locutions étrangères ou les mots techniques d'une façon indistincte ; on peut varier les termes grecs par un *a* privatif :

La date de l'inauguration de l'Exposition d'Hanoï a été reculée, *sine die*, au 16 novembre.

(*Echo de Paris*, 4 novembre 1902.)

La *zoophilie* donne lieu à de l'extravagance ; tel n'est pas le cas de Vidal.

(*Le Journal*, 5 novembre 1902.)

On nous prcuvera demain que l'inversion des *attractions*, la nécrophilie, la *bestialité*, l'*azoophilie* ne sont que des maladies, des indispositions, comme les vapeurs des dames.

(JEAN DE BONNEFON, *le Journal*, 6 nov. 1902.)

Deux cents jeunes filles des orphelinats anglais de Paris, en petits bonnets de linge auréolant de délicieux visages de *Keepsacks*, jupes longues en fourreau, de couleurs vives.

(*Gil-Blas*, 4 mai 1903.)

*Bussiness ares...*

Un de nos amis, attaché à l'ambassade d'Angleterre, nous affirme...

(*Echo de Paris*, 4 mai 1903.)

Deux personnes se réunissent « pour traiter, *stantes pede in uno*, à brûle-pourpoint et à toute vapeur, des questions... »

(*Le Temps*, 13 novembre 1902.)

Le professeur Koch commet, à notre avis, une erreur capitale, en comparant les accidents produits par la consommation des produits tuberculeux, chez les individus isolés, aux accidents produits en masse dans certains milieux par la consommation des *viandes charbonneuses* ou AUTRES AFFECTIONS AIGUES.

(*Le Temps*, 1er novembre 1902.)

Vidal n'est pas une *brute*. Il faut plutôt le ranger parmis les FÉLINS.

(*Echo de Paris*, 4 nov. 1902.)

Une forte odeur de gaz se dégageait de la chambre. Il ouvrit la fenêtre et *pratiqua la traction rythmique ;* mais tous ses efforts furent vains.

(*Le Journal*, octobre 1902.)

M. Marcellin Boule, qui l'a étudié avec son talent habituel, a pu restaurer une *mâchoire inférieure* entière avec ses DEUX MANDIBULES.

(*Le Petit Temps*, octobre 1902.)

L'Italie remplit toutes les obligations de bon voisinage : elle ne tient pas à faire du zèle et à se mettre au service d'une puissance étrangère, même pour détruire le Mollah. C'est au tour de l'Angleterre de *faire* un peu de FARA DA SE chez les Somalis.

(*Le Temps*, 10 novembre 1902.)

A notre époque, les humbles courtisanes risquent toutes d'être arrêtées à leur poste par un agent des mœurs peut-être ivre et à qui l'Etat donne pleins pouvoirs. La crainte de la *prophylaxie* de la syphilis fait reconnaître cette surveillance et ces abus comme étant d'utilité publique.

(*La Revue Dorée*, novembre 1902.)

## *DES ÉLÉGANCES ET INVERSIONS*

Mettez *en* à la place de *dans ; emmi* pour *parmi ;* séparez *avec* de son complément, par une incidente soigneusement précédée d'une virgule. (*La comtesse,* EN *son hôtel de la rue de la Faisanderie. — La princesse,* EMMI *de capiteuses orchidées. — Le drame s'est déroulé* AVEC, *en sa brutalité, une bien moderne psychologie.*)

Le déplacement d'une épithète, souvent, donne un tour imprévu aux nouvelles mondaines. Ainsi, quand le roi de Portugal est reçu à Bois-Boudran :

> Après dîner, séance de cinématographie intime.
>
> (*Le Gaulois*, 8 novembre 1902.)

Ces innocentes fantaisies acquièrent ainsi quelque chose de vraiment royal et, si j'ose dire, de Louis XV.

Par un procédé analogue, on parvient à relever des sujets vulgaires en suggérant une impression de « bibelot », « d'art antique »:

Quand un inspecteur arrivait inopinément dans son orphelinat, on devait immédiatement déchausser devant lui tous les enfants. Il tenait à se rendre compte lui-même si le bain de pieds qu'on avait dû leur donner n'était pas trop *ancien*.

(HENRI JOLY, *les Débats :* Premier Paris, 30 octobre 1902.)

## *DES ÉPITHÈTES*

Ayez sans cesse en mémoire le *notum si callida verbum reddiderit junctura novum* d'Horace, mais n'oubliez pas non plus que, selon Baudelaire, l'étonnement doit être la première faculté du littérateur. Et comme votre littérature est destinée au public, appliquez-vous à l'étonner d'abord. Pour cela il faudra parfois vous étonner vous-même. *Si vis me flere, dolendum est primum ipsi tibi.* Supposons, pour prendre un exemple, que vous ayez à définir le regard d'un homme. Choisissez pour cela une série d'épithètes familières, mais contradictoires, afin de surprendre d'abord et d'éveiller l'attention. Ajoutez-y un mot que vous connaissez, mais que vous comprenez mal. Ceci sera signe que le public, qui vous est immédiatement inférieur, le connaît un peu et ne le comprend pas du tout.

Exemple :

Je vois encore le regard brutal, *glabre*, éteint et méfiant de ses gros yeux.

(FÉLIX DUQUESNEL, *le Gaulois*, 8 novembre 1902.)

Remarquez ici que le feuilletoniste aurait écrit « regard brutal et *allumé* » comme il doit se faire pour décrire le feu de la convoitise des brutes qui luit dans les prunelles. Mais vous faites de la littérature. Vous écrirez donc *éteint*, qui est une contradiction à brutal, et vous ajouterez *méfiant* pour contredire à *éteint*. Par *glabre*, vous obtiendrez l'étonnement. Et notez que le contraire de *glabre* serait une épithète mauvaise. L'étonnement du public vous serait ici défavorable. Vous ne sauriez ignorer, ni lui, qu'il n'y a pas de regards chevelus, ni de regards poilus, ni de regards velus. Mais comme vous êtes dans l'incertitude au sujet de *glabre*, il est dans l'ignorance, et il admire : *Omne ignotum pro magnifico.*

N. B. — Il ne faudrait pas choisir un synonyme à *glabre*, *chauve* ou *rasé* par exemple. *Glabre* est plus étonnant (1), donc plus littéraire pour le public. Et c'est ce qui doit faire l'objet de votre ambition.

2. N. B. — On donne parfois à « regard » l'épithète « *lubrique* ». Elle n'est pas synonyme de « *glabre* ».

(1) L'étonnement rapporte de la gloire à celui qui le crée, comme de la jouissance à celui qui le subit.
CHARLES BAUDELAIRE (Lettre à Poulet-Malassis, 1858. — *Œuvres inédites de Baudelaire*, p. 170).

## *DES MÉTAPHORES*

Lorsque vous employez une métaphore, pour surprendre vos lecteurs, deux méthodes sont également recommandables, si vous tenez à achever la phrase. Vous pouvez déduire avec la rigueur d'une déduction logique; *servetur ad imum qualis ab incepto processerit et sibi constet*, ou faire preuve d'agilité, d'incohérence, et passer de métaphore en métaphore : *desinit in piscem mulier*...

Voici des exemples de la première méthode.

La « QUESTION » qu'on lui a posée (au ministre de la Marine) fut un bon COUP D'ÉPÉE DANS L'EAU, ce qui n'a rien de surprenant dans une BATAILLE NAVALE; et cette ÉPÉE n'était bien probablement qu'un SABRE DE BOIS...
(*Le Temps*, 22 octobre 1902.)

L'OPINION ne veut pas DÉMORDRE de l'IDÉE qu'il y a

ANGUILLE SOUS ROCHE et que c'est dans les EAUX de la BAIE de Lourenzo Marquès qu'il faut LA CHERCHER.

(*Le Temps*, 13 novembre 1902.)

Nous apprenons que notre compatriote, M. Ferdinand Mocquard, vient d'être nommé officier du Mérite agricole.

Cette distinction est la juste récompense des services rendus par M. Mocquard à l'« ALIMENTATION PUBLIQUE » qui est le grand ARBRE dont les RACINES sont l'AGRICULTURE.

(*Le Populaire* de Nantes, 8 janvier 1903.)

C'est vraiment le compositeur Hervé qui fut le PÈRE de l'opérette, il en a COUVÉ L'ŒUF, et l'ÉCLOSION remonte, à 1848, avec le *Don Quichotte*, représenté au Théâtre-Lyrique national.

(FÉLIX DUQUESNEL, *le Gaulois*, 16 avril 1903.)

La seconde méthode est plus usitée :

La PLUME très FINE qui nous a donné cette PROSE — MOUSSE LÉGÈRE d'un CHAMPAGNE français — ne nous semblait pas ÉMANER d'un CERVEAU aussi AFFIRMATIF.

(*La Liberté*, 1er novembre 1902.)

Comme les ABEILLES d'une RUCHE, ils PARTENT et vont dans tout le pays d'alentour SCRUTER LES VISAGES, GLANER des RENSEIGNEMENTS, SUSPECTER tout un chacun, enfin SUIVRE DES PISTES.

(*Echo de Paris*, 6 novembre 1902.)

Il y a même des GENS qui, s'étant trouvés dans un train plus ou moins télescopé, et n'y ayant perdu ni PIED ni AILE, oublient très vite les cruelles impressions reçues à ce moment.

(*Le Temps*, 27 octobre 1902.)

Mlle Lucienne Dauphin JOUE CATHERINE comme le rôle est ÉCRIT, à COUPS de NERFS et à FOND DE TRAIN.

(GUSTAVE LARROUMET, *Chronique théâtrale.* — *Le Temps*, 27 octobre 1902.)

Grande et SOUPLE, sa SILHOUETTE est EXQUISE : elle lui SERT du reste à ALLUMER tous les CŒURS MASCULINS qui FRÉQUENTENT la MAISON.

(*Le Journal*. 27 octobre 1902.)

Il y eut des HOMMES D'ÉTAT qui, dans le DÉSARROI, la défaite et le malheur, n'ayant pour COMBATTRE PIED A PIED que de la SALIVE ou de l'ENCRE, ont su faire merveille.

(UN DIPLOMATE, *le Gaulois*, 28 octobre 1902.)

On fait MIROITER des VICTUAILLES aux yeux des noirs de la Martinique.

(HENRI ROCHEFORT, *l'Intransigeant*, 30 octobre 1902.)

Aussi bien j'ai trouvé cette GALERIE DE BUSTES non pas dans le CARREFOUR TRIVIAL où l'on MONTE SUR UNE BORNE pour FÉLICITER les gens, mais dans une MONUMENTALE HISTOIRE DE LA LITTÉRATURE FRANÇAISE.

(GASTON DESCHAMPS. Critique littéraire. — *Le Temps*, 9 novembre 1902.)

..... la SILHOUETTE OSSEUSE et ÉNIGMATIQUE d'Emile Perrin. Cet administrateur général de la Comédie-Française CACHAIT SOUS UN ŒIL INQUIÉTANT un DIPLOMATE de première force.

(HENRY ROUJON, *le Figaro*, 13 novembre 1902.)

TRAITER, *stantes pede in uno*, à BRULE-POURPOINT et à TOUTE VAPEUR, des QUESTIONS.

(*Le Temps*, 13 novembre 1902.)

Dans une PAGE FORTE de PENSÉE, en une PHRASE TAILLÉE sur le MARBRE de TACITE, M. Hanotaux a dit de l'ancien régime :

« Nos hommes d'Etat, nos assemblées locales ou générales, nos jurisconsultes, nos soldats, ont fait une BESOGNE AVEUGLE, dont leurs YEUX trop COURTS n'apercevaient pas le BOUT. »

(*Le Journal*, août 1902.)

Mlle Acacia est une ÉTOILE en HERBE qui CHANTE de MAIN DE MAITRE.

(FRANÇOIS COPPÉE, de l'Académie Française, cité par L. Dugas : *Essai sur le Rire.*)

Les DOIGTS fuselés VIVENT dans le BLEU.

(*Le Figaro*, 27 déc. 1902.)

Mais cela ne l'empêche pas de parler : elle parle comme un moulin tourne. Tous ceux qui s'approchent d'elle essuient le FEU de sa TORRENTIELLE conversation.

(*Le Figaro*, 28 déc. 1902.)

Il a vu que le VENT soufflait dans les VOILES de M. Combes : il est entré dans le COURANT et le voilà PAR TERRE.

(*Le Gaulois*, 5 janvier 1903.)

Depuis ce jour mémorable, tous les ans à pareille date, des masques et des travestis bizarres parcourent la ville, dans la soirée, en criant, non sans avoir, au foyer, mangé la DINDE traditionnelle qui rappelle les CANARDS libérateurs, nouvelles OIES DU CAPITOLE.

(*Le Gaulois*, 11 déc. 1902.)

Avant de jucher Gordon pacha sur un CHAMEAU, les Anglais auraient pu se souvenir qu'à Paris, sur le Pont-Neuf, Henri IV est à CHEVAL et non à CALIFOURCHON sur une POULE AU POT, animal qui l'a rendu pourtant bien plus célèbre...

(*Le Gaulois*, 8 nov. 1902.)

## DE L'HYPERBOLE

Ne craignez pas, au siècle où nous vivons, d'exagérer votre pensée ou plutôt vos expressions (car c'est encore une question de savoir si nous pensons sans signes, ou plutôt sans mots); et afin de ne point nous égarer en d'inutiles subtilités, qu'il vous suffise d'exagérer les mots ou les choses, sans vous préoccuper de la pensée, que nous laisserons aux psychologues. Il est nécessaire, comme on vous l'a dit, d'étonner le public; et ce n'est pas chose aisée par le temps qui court. Si par extraordinaire vous deveniez invraisemblable, consolez-vous en vous rappelant ce que Boileau (qui s'y connaissait) a dit du vrai.

Soudain la porte s'ouvrit et on apporta au duc un message télégraphique sur papier jaune. Il le décacheta, le lut. Sa figure se contracta aussitôt, et cet homme d'une correction si exquise, d'un sang-froid si hautain, ne put réprimer un geste de violence qui BRISA LA QUEUE DE BILLARD entre ses mains.

(*Le Matin*, Premier Paris, oct. 1902.)

D. Syndon, si demain quelque parent de M. David vous rencontrait et vous tuait à coups de revolver, QUE DIRIEZ-VOUS !

(*Le Gaulois*, 30 novembre 1902.)

Le pays de Tadichmalka est INFECTÉ de lions.

(*Echo de Paris*, 10 nov. 1902.)

Vous avez entendu parler des Boërs et de leur résistance énergique. Les belles troupes anglaises sont tombées comme DES MOUCHES SOUS LES BALLES de ces paysans héroïques qui étaient habitués au tir.

(*Le Gaulois*, 21 nov. 1902.)

On voit que « MINISTÈRE » n'est pas pris dans le sens de « CABINET », comme on l'avait cru ou dit tout d'abord.

(*Le Temps*, 28 oct. 1902.)

On les a traités en pestiférés, on leur a tendu les huit SIÈGES avec des PINCETTES !

(*Le Temps*, 31 oct. 1902.)

Le pauvre globe, étranglé par ce lien chaque jour plus

étroit qui lui entrera dans les terres, se séparera peu à peu en DEUX MOITIÉS sensiblement ÉGALES.

(*Le Figaro*, 3 nov. 1902.)

..... Ce n'est pas seulement une EXHUMATION, c'est la VIE même...

(ERNEST DAUDET. — *Le Figaro*, 15 nov. 1902.)

— Quelle ÉNERGIE dans la rapidité!

Le PAPILLON de l'assassinat impudique!

(J. DE BONNEFON. — *Le Journal*, 6 nov. 1902.)

## DE L'ALLUSION

Ayez soin, selon le précepte, de toujours respecter le lecteur français :

Mme de R*** a retenu deux saillies d'Edouard III, l'étalon du vicomte d'Orléans.

(*Le Jockey*, 10 nov. 1902.)

Andréa est une enfant un peu maladive, petite, le teint mat ; elle ne parlait pas beaucoup, avait un caractère peu facile et faisait quelquefois de petits coups en dessous.

(*Le Journal*, 20 nov. 1902.)

Elle était si réservée dans son allure, si timide, que je n'aurais jamais cru possible qu'un homme pût entrer dans son intimité.

(*Le Temps*, 22 nov. 1902.)

... Un vieux bonhomme de prêtre, fort de son expé-

rience, amoureux des humanités qu'il enseigne, paternellement attaché aux gamins qu'il débourre.
(*Le Journal*, Eug. Melchior de Vogué, de l'Académie française, 17 nov. 1902.)

M. Deval, dans le personnage toujours difficile et aisément ridicule « d'homme entre deux femmes », comme disait Sarcey, s'est tiré d'affaire avec élégance.
(*Les Débats*, 10 nov. 1902.)

C'était une petite bonne des Batignolles, ou presque, qui samedi soir, sur le coup de huit heures, travaillait de sa langue chez un fruitier de son quartier.
(*Le Temps*, 29 oct. 1902.)

Lorsque sur la grande ligne frangée d'azur qui va de Marseille à Monte-Carlo vous entendez sonner en gare ce monosyllabe gai : « Luc » ! ouvrez les yeux et regardez quel merveilleux décor vous entoure... A Pioule, c'est dans la plume et le poil que les tireurs trouvent de savoureuses cibles.
(*Le Figaro*, 30 oct. 1902.)

Il n'y a pas eu en réalité d'accident sérieux. Une jeune femme sur laquelle un gros monsieur s'était affalé se trouva mal pendant quelques instants, et ce fut tout. D'après les premières constatations, l'accident serait dû à une erreur d'aiguillage.
(*Les Débats*, 1er nov. 1902.)

Il la rejoignit et l'embrassa au moment où, toute pantelante, elle se jetait sur la porte de sa maison.

(*Echo de Paris*, 6 nov. 1902.)

Saint-Simon nous raconte comme quoi la donation d'Eu, au duc de Maine, fut un des « gros morceaux » arrachés à Mademoiselle en échange de la liberté de Lauzun.

(*Les Débats*, 14 nov. 1902.)

Coups sur coups, il interroge les demoiselles d'honneur, pour savoir de qui venait la douce parole imprévue.

(FÉLIX DUQUESNEL. — *Le Gaulois*, 17 déc. 1902.)

## DE LA CONCISION

Ne croyez pas que le développement soit toujours utile. *Est modus in rebus.* Il faut souvent donner bonne chère avec peu de lignes. Ceux qui lisent les faits-divers prennent vite l'habitude des réflexions que vous pourriez faire. On ne peut toujours être sûr de trouver à l'improviste telle fine appréciation, tel sage aphorisme :

L'assassinat a été consommé avec une brutalité qui n'a rien d'humain.

(*Echo de Paris*, 2 novembre 1902.)

Or, lorsqu'on prend quelqu'un à la gorge, on ne sait ce qui en résultera.

(*Le Temps*, 2 novembre 1902) (1).

(1) « Or, disait M. Simard, l'actif commissaire de police de Sceaux, lorsqu'on prend quelqu'un à la gorge, sait-on jamais ce qui en résultera ? »

(*Le Journal*, 2 novembre 1902.)

Sachez donc vous borner. Mettez-vous à la place du lecteur : il fera bien les mêmes associations d'idées que vous, et qui suppléeront assez à ce que vous n'avez pas le temps de dire :

Mlle Marie Martinger, âgée de quarante et un ans, cuisinière, demeurant 14, rue Ganneron, a été trouvée morte hier matin dans sa chambre par sa sœur, Mme Bouloch. La mort était due à la rupture d'une conduite de gaz.

(*Le Journal*, 16 novembre 1902.)

Deux tubes chacun contenant 2 kilos de nitroglycérine ont éclaté. Heureusement, il ne se trouvait à proximité qu'un ouvrier, dont le corps a été littéralement réduit en miettes.

(*L'Echo de Paris*, octobre 1902.)

A propos de l'assassin Vidal :

Son frère aurait trouvé un bateau marchant presque tout seul.

Vidal dessine assez bien, il fait de la musique : il nous semble que nous pouvons dire que Vidal est un dégénéré.

(*Le Journal*, 5 novembre 1902.)

D. — Vous avez passé la fête de Noël en famille.

Vous avez même amené des enfants au cirque. Quelles explications de ces crimes pouvez-vous donner ?

Vidal se tait.

L'audience est levée.

(*Les Débats*, 4 novembre 1902.)

C'est bien lui qui a tué l'enfant d'un coup de rasoir à travers la gorge, avec un mouchoir sur la bouche.

(*Les Débats*, 14 novembre 1902.)

Le banquier lui avait demandé l'adresse d'une femme aimable où il pourrait aller digérer agréablement.

(*Les Débats*, 1er novembre 1902.)

A cette époque, son frère avait eu la gorge sectionnée par deux individus qu'il dénonça et qui depuis furent condamnés à huit et quinze ans de travaux forcés.

(*Le Journal*, 31 octobre 1902.)

Joignez à cette concision une écriture artiste et impeccable.

Bastide se précipita sur lui, et. d'un coup de dent, lui arracha l'appendice nasal.

Le blessé poussa un cri de douleur et porta la main à son nez. Au même moment, l'agresseur la saisit et lui arracha l'annulaire.

(*L'Echo de Paris*, 11 novembre 1902.)

La concision n'est pas à dédaigner même pour les articles de reportage : elle permet les sous-entendus.

Il semble bien que la voie dans laquelle on voudrait entrer serait d'obtenir la démission de M. Lemercier. Bien que la porte de ce dernier soit hermétiquement fermée, nous serions surpris qu'il entrât bénévolement dans ces vues.

(*Journal des Débats*, 18 novembre 1902.)

N. B. — *Hermétique*, *hermétiquement* sont des termes à retenir et à employer chaque fois qu'il s'agit de fermer une porte, une fenêtre, une malle, un coffre-fort, un regard d'égout, ou la bouche d'une femme.

Vous pouvez accoutumer le public par ces moyens à vous comprendre en très peu de mots; c'est affaire entre vous et lui :

Cette visite est un symptôme pacifique des Balkans.

(*Le Petit Temps*, 31 octobre 1902.)

CUIRASSÉS SUSPENDUS

(*L'Echo de Paris*, 2 novembre 1902.)

Mais n'allez point être concis là où il ne faut pas.

*Non erat hic locus*. On aime à tout savoir quand il s'agit du voyage d'un roi, des actions d'un grand homme politique, de l'escroquerie à la mode, d'un crime sensationnel — de Napoléon :

Il s'est assis là, grand'mère,
Il s'est assis là ?

Dites à vos lecteurs combien l'Empereur Guillaume mange de petits pains à son premier déjeuner ; si M. Loubet se boutonne à droite ou à gauche ; comment Mme Humbert se faisait faire les ongles ; à quelle heure Boulaine se lève, et de quel cirage se sert M. Clemenceau. Comme à Homère, il vous est permis, le long de ces récits, de vous assoupir. Vous y gagnerez des lignes et votre public de la satisfaction.

Parlez-lui de Boulaine ; il aimera sentir exciter sa fantaisie :

Depuis ce jour jusqu'à samedi, on ignore où il a passé son temps. On pense qu'il a pris ses repas à droite et à gauche.

(*Le Temps*, 29 octobre 1902.)

Racontez-lui comment les héros boers visitent le Louvre :

M. Kaempfen expliquait; M. Sandberg traduisait; de temps en temps, M. Herbette désignait de vastes panneaux, et murmurait à l'oreille de Botha :

— *Old picture...*

(*Le Figaro*, octobre 1902.)

Notez minute par minute tout ce que fait Guillaume II :

A trois heures cinquante-cinq, il était dans la capitale de l'Angleterre; à quatre, il en repartait, apres que ses deux petits chiens favoris eurent été nourris d'un demi-poulet rôti chacun.

(*Le Temps*, 10 novembre 1902.)

Caractérisez soigneusement les paroles de M. Clemenceau :

M. Clémenceau a été très intéressant. Son discours, mêlé de bon et de mauvais, contient un peu de tout. Il a été quelquefois long et traînant, et, d'autres fois, vif et rapide.

(*Journal des Débats*, 1er novembre 1901.)

## *DU DÉVELOPPEMENT*

Bien que la rhétorique soit morte (et que ferions-nous aujourd'hui d'une éducation destinée aux Grecs et aux Romains, et fâcheusement perpétuée par les pédants de collège), on peut trouver parfois quelques grains d'or dans ce fumier.

Ainsi l'art de savoir développer une matière n'est pas entièrement inutile à votre profession. Un de nos anciens régents de Sainte-Barbe avait coutume de nous dire : « Lorsque je passai mon examen de licence en Sorbonne, on nous dicta ce sujet :

*Titi Livii lactea ubertas.*

Savez-vous, Messieurs, ce que je fis ? Je développai *Titi Livii;* je développai *lactea;* je développai *ubertas.* »

Pour faire la guerre, comme pour faire la

galette, il faut « couper » et « envelopper ». Pour faire du journalisme, la méthode est aussi simple : il faut « couper » et « développer ».

Un télégramme vous annonce sèchement :

*Révolte des brigands de Kasri-Chérin.*

Ouvrez Larousse (qui vous sert à connaître la géographie), et écrivez, avec le soin d'indiquer au public qu'il sait tout cela mieux que vous :

Ce n'est en effet un secret pour personne que la vaste région qui sépare Kasri-Chérin du Nord du golfe Persique est habitée par des tribus turbulentes, dont les autorités locales n'ont pas toujours aisément raison. Depuis les temps les plus reculés, ces peuplades se livrent au brigandage, et, soit par zèle religieux ou par humeur farouche, il est dans leurs coutumes de ne pas témoigner une bienveillance excessive aux étrangers qui les visitent.

(*Journal des Débats*, 11 novembre 1902.)

Savez-vous bien ce que vous avez fait là, mes amis? Vous avez développé *révolte;* vous avez développé *brigands ;* vous avez développé *Kasri-Chérin.* Un bon journaliste fait de la rhétorique sans le savoir.

Un peu plus d'expérience vous donnera vite le moyen de fabriquer mieux, et avec plus d'habileté. Voyez ce joli morceau sur les *timbres-poste empoisonnés*. Avec des *timbres*, des *éponges*, et des *plumes* le rédacteur a composé un article exquis. Evidemment on pourrait encore varier les suggestions qu'il imagine ; mais déjà, que de fantaisie, que de grâce, et comme il est charmant de savoir amuser le lecteur de ces futiles inventions !

LES TIMBRES-POSTE EMPOISONNÉS

Le dernier *Bulletin* de la Société de préservation contre la tuberculose fait des bureaux de poste une description pittoresque et trop exacte. Asiles suprêmes de la crasse et de la puanteur, il n'est pas un détail qui n'y soit concerté pour obtenir le plus sûrement la mort ou tout au moins l'infection du paisible citoyen. La seule vente des timbres-poste décèle, avec un art infernal, le désir évident d'empoisonner ses semblables. Le timbre, détaché d'une main sale, est posé par elle sur la traînée gluante et verte qu'a laissée sous le guichet le passage des sous. Et quand, pendant ce voyage, il a été saturé de tout ce que la poussière, l'homme et le métal peuvent recéler de germes funestes, l'innocent Parisien le prend et le pose sur sa langue ! Aussi la Société a demandé à l'admistration des postes de vouloir bien placer dans les bureaux de postes des éponges, propres à mouiller les timbres. L'administration des postes a répondu. Voici sa lettre :

« Monsieur,

« Vous avez demandé si, par mesure d'hygiène, il ne conviendrait pas de munir d'éponges mouillées les salles d'attente des bureaux de poste pour permettre aux expéditeurs de coller les timbres sur les objets de correspondance.

« J'ai l'honneur de vous faire connaître qu'il y aurait des inconvénients à adopter votre proposition.

« En effet, les éponges dont vous préconisez l'emploi ne pourraient être tenues en parfait état de propreté, parce qu'il serait impossible d'empêcher le public de s'en servir pour essuyer les porte-plumes Les timbres que l'on frotterait alors sur les éponges seraient maculés d'encre et saliraient les objets de correspondance, ce qui provoquerait des réclamations.

« Pour ces motifs, je me trouve empêché de vous faire une réponse conforme à votre désir, et je vous en exprime mes regrets. »

Les bureaux de M. Bérard font paraître une prudence spécieuse, quoique trop timide et assez peu clairvoyante. Il serait facile d'empêcher le public d'essuyer les porte-plumes aux éponges, s'il était tenté de le faire. Le porte-plume peut être fixé au pupitre par une assez longue ficelle, comme on le fait dans maint bureau. Tout simplement, on peut placer les éponges assez loin des pupitres. Et jamais l'homme qui écrit, et qui a peu l'habitude d'employer l'éponge à cette fin, n'aura l'idée de traverser le bureau pour nettoyer sa plume. Il se contentera de pester et de grommeler que l'encre est boueuse et la plume hors d'usage, ce qui sera quelquefois vrai.

(*Journal des Débats*, 11 novembre 1902.)

## DE LA GRAMMAIRE ET DE LA SYNTAXE

Aujourd'hui que les journaux ont six pages qu'il faut remplir entre dix heures et demie et minuit (quand il n'y a pas de « première », on ne saurait polir ni repolir son ouvrage ou le remettre vingt fois sur le métier. On ne peut se coucher avant trois heures du matin, ni décemment se lever avant midi, à moins d'exécution capitale, d'arrestation sensationnelle, de perquisition à six heures du matin, ou de duel, choses auxquelles vous êtes tenus d'assister.

Déjeuner à une heure et demie. Rendez-vous personnels et intimes de trois à cinq. De cinq à sept et demie, visites à faire ou à recevoir — un tour au Napolitain. Passer le *smoking* et dîner à huit heures et demie. Il n'y a personne au journal avant dix heures et demie et il serait de mauvais ton d'y arriver le premier. Reste une heure et demie pour « se mettre au point » et « donner sa copie». A ces besoins nouveaux correspond aussi une syntaxe nouvelle, où il est nécessaire d'apporter des méthodes rapides.

Dans les cas douteux, et quand votre phrase est engagée, n'hésitez pas à placer une négation, voire même à en accumuler plusieurs. Au pis, en bonne grammaire, deux négations valent une affirmation et vos lecteurs ne s'amuseront pas à opérer des soustractions pour vérifier vos pensées.

QUI sait à QUOI N'aboutiront PAS « ces aveux » que raconte aujourd'hui *la Carrière d'un Navigateur*.

(*Le Temps*, 13 novembre 1902.)

Elle... mena la vie LA PLUS agrémentée d'incidents piquants ou tragiques qui NE SE PUISSE imaginer.

(*Les Débats*, 11 novembre 1902.)

Il y aura là de chaudes batailles d'enchères, car NULLE vente N'excite AU PLUS HAUT POINT la curiosité de tous.

(*Le Gaulois*, 30 novembre 1902. — Ce journal publiait à la même date *Fautes de Français* par Emile Faguet, de l'Académie Française. Simple coïncidence.)

On peut aussi, dans le même cas, supprimer les négations, afin d'éviter toute erreur :

Mais M. Rouvier a plus raison encore qu'il s'en doute. Le mal est plus profond qu'il le pense.

(*Le Figaro*, 10 janvier 1903.)

## *EXERCICE*

### MATIÈRE

**M. Jean Richepin a été atteint de la fièvre typhoïde après avoir mangé des huîtres.**

—

### DÉVELOPPEMENT

### I

Journal mondain et *parisien* (école Arthur Meyer).

Les huîtres *meurtrières*.

Le *rare poète* Jean Richepin vient d'être atteint d'une fièvre, *que l'on craint* typhoïde et que *nous espérons n'être que* muqueuse, et il aurait *gagné cette maladie* en mangeant des huîtres.

Un *grand docteur*, à qui nous annoncions cette *triste nouvelle*, nous a déclaré à ce propos que non seulement les huîtres sont à craindre quand elles manquent de fraîcheur, mais que, cette année particulièrement, le *voisinage* même des *parcs aux huîtres* est tout à fait dangereux.

Rappelons enfin que notre *distingué* collaborateur M. Léon Daudet a été également *victime* d'une fièvre typhoïde qu'il aurait contractée en mangeant des huîtres à *Venise*.

On ne saurait donc trop se défier de ce *mollusque délicieux et meurtrier*.

(*Le Gaulois*, 11 novembre 1902.)

## II

Journal critique, et ironique (école Prévost Paradot et J.-J. Weiss).

M. Jean Richepin est *guetté* en ce moment, par une *fièvre maligne*, et la *famille*, tout en redoutant qu'elle ne prenne le *caractère* typhique, *s'efforce de la maintenir* dans les limites d'une fièvre muqueuse. Cet accident est arrivé au *poète* en mangeant des *huîtres*. *On assure* que, cette année, elles *ont des dispositions* à empoisonner *ceux qui les aiment*.

(*Les Débats*, 12 novembre, 1902.)

# SECONDE PARTIE

COLLE

## *DES LIEUX COMMUNS*

C'est un ânonnage de ceux qui prônent l'éducation classique de dire que l'homme ne vit pas de pain seul, mais surtout de lieux communs, et que les Grecs et les Romains les ont tous développés bien avant nous ; comme ce que dit Platon de la mort, ou Cicéron des devoirs, ou Thucydide de la patrie, ou Sénèque de la vieillesse ; tellement que vous ne sauriez parler des feuilles qui tombent à l'automne, des embarras de voitures, de l'immortalité de l'âme, ou des vices contre nature, sans qu'ils vous allèguent tout aussitôt un vers de l'Odyssée, une satire d'Horace, une page du Phédon, ou le roman de Pétrone. Voilà qui est excellent pour un article de critique, où on est toujours sûr d'affirmer son autorité sur un auteur nouveau en lui opposant les anciens. « Il ne faut pas réveiller les morts du Dante ; » on ne refait pas Shakespeare; Molière a toute votre scène ; ah, si Racine n'avait pas écrit *Phèdre*, ou l'abbé Prévost *Manon Lescaut*, ou Sophocle *Œdipe roi ;* et même on peut affirmer sans grands risques que le sujet était mieux traité dans les contes de Boccace ou dans ceux des *Mille et une nuits*, attendu que le lecteur n'y ira point voir, et que si l'auteur répondait, vous n'avez qu'à vous moquer purement de lui ; d'ailleurs, il ne s'y frottera pas, crainte que vous lui en fassiez porter la peine lors de son œuvre suivante. Mais la critique est un genre de journalisme tout spécial.

Ne craignez pas, au contraire, d'exprimer votre pensée librement, sans forcer votre originalité, chaque fois que vous trouverez une idée générale. Rien ne se crée ; mais, dans la mémoire du public, tout se perd. La Bruyère a beau écrire : « Tout est dit, et l'on vient trop tard, depuis six mille ans qu'il y a des hommes et qui pensent. » Votre lecteur n'a pas six mille ans et tel de vos « lieux communs » aura pour lui tout l'attrait de la nouveauté, si vous prenez le soin, toujours nécessaire, de le mettre à sa portée, et d'y glisser, de temps à autre, un rien d'imprévu :

Sur l'art :

Pour faire une œuvre d'art, la matière première ne suffit pas : il faut un artiste.

(*Le Gaulois*, 10 novembre 1902.)

Sur la sincérité de l'œuvre d'art :

Avec sa conscience ordinaire, l'artiste tient à faire une œuvre sincère. Dans ce but, il a désiré peindre ses portraits d'après nature.

(*Le Figaro*, 23 octobre 1902.)

Sur la vérité :

Il faut concentrer sa vue sur la scène, et, pour l'illusion, il faut oublier qu'on est dans une salle de spectacle, disent les partisans des salles sombres. La vérité est peut-être dans le « milieu ». C'est d'ailleurs la place qu'elle préfère.

(*Le Gaulois*, octobre 1902 )

Sur les devoirs filiaux :

Et, songeant à la *Course du flambeau*, j'ai presque envie d'ajouter que les parents n'ont d'ailleurs pas grand' chose à attendre de leurs enfants.

(*Le Figaro*, 11 novembre 1902.)

Sur la folie :

Quand on est la femme d'un fou, on n'est jamais sûre de ne pas être étranglée.

(*Le Figaro*, 11 novembre 1902.)

Sur la banalité :

Voici un nouveau crime. Il est banal, car, même dans l'horrible, il y a de la banalité.

(*L'Écho de Paris*, 2 décembre 1902.)

Sur le mariage :

Ainsi le mariage, dans lequel on entre à larges portes, n'a pour ceux qui y étouffent d'autre issue qu'une grille d'égout.

(*Le Temps*, octobre 1902.)

Sur l'avenir de la jeunesse française :

Voilà, décidément, la jeunesse française qui se remue. Alors, comme dit l'autre, « il y a du bon ».

(GABRIEL HANOTAUX. — *Le Journal*, 17 novembre 1902.)

Ces quelques exemples suffiront aisément à vous guider.

## *DE L'ART DE DÉMARQUER*

Quand vous étiez au collège, il vous est arrivé souvent de copier les lignes de votre pensum sur le devoir d'un camarade. Un mot artistement changé suffisait pour dérouter le pion. Il est parmi les tâches du journaliste certains pensums que l'on doit traiter de même; d'autant que sur les bancs de l'école vous vous efforciez de réduire le nombre des lignes, en vous servant d'ailleurs de la bienfaisante plume à trois becs, tandis que votre ambition doit être maintenant d'en mettre davantage. La caisse des journaux paye à la ligne. Modifier le pensum du collègue d'un journal concurrent s'appelle « démarquer ». C'est un léger travail que vous apprendrez promptement à pratiquer sur votre propre « copie », afin d'en tirer double profit. Vos directeurs n'ignorent pas cet usage. Lorsque par hasard ils remarquent la chose, ils vous préviennent amicalement de vous y prendre avec plus d'adresse quand vous « tirez deux moutures d'un même sac ».

L'art de démarquer, comme bien vous pensez, n'était pas chez les anciens au point de perfection où nous l'avons porté. Il ne faudrait pas le confondre avec ce que les poètes appellent le « plagiat ». Le plagiat consistait principalement à employer les inventions et les idées d'un confrère ou d'un prédécesseur. Voilà qui n'est point du tout votre fait. L'objet que vous devez considérer, c'est l'emprunt des phrases et des mots. C'est ce qu'on aurait remarqué bien vite parmi l'affreuse pénurie de papier imprimé qui régnait jadis; et Sterne a été très vite trahi pour avoir copié le pensum plus ancien de Robert Burton dans *Tristram Shandy*. Aussi n'avait-il pas eu l'élémentaire précaution de changer un seul mot. La chose serait moins grave pour vous en notre temps, où il paraît tant de journaux qu'il faudrait jouer vraiment de malheur si on était surpris. C'est pourquoi je vous conseillerai une extrême prudence, quand vous changez les termes de l'article que vous empruntez. On n'a pas toujours le bonheur de ce confrère de talent, qui s'appropria élégamment vers 1880 un télégramme où il était annoncé qu'on expulserait de leur couvent les frères jésuites *etiam manu militari*. Il donna de l'intérêt à cette banale nouvelle et la fit sienne en écrivant : « On va expulser de leur couvent les Frères Jésuites Etiam, Manu et Militari. »

Je lisais récemment l'information qui suit :

On mande d'Hodeidah que le commandant Arnone, après la destruction des sambouces des pirates, et après avoir encaissé les indemnités fixées pour les familles des deux matelots morts, a envoyé à Massaoua sous escorte sept sambouces capturés et trois fuyards érythréens qui lui ont été livrés par les autorités turques pour avoir commis des actes de piraterie.

(*Journal des Débats*, 18 novembre 1902.)

Le rédacteur de ces lignes fut sage. Il aurait pu ajouter que les sambouces et les fuyards érythréens arrivèrent à Massaoua, lassés de la route, et maltraités par l'escorte. Il préféra ne point être original. En effet, il aurait fallu, pour ne pas se contredire, modifier trop profondément la dépêche qui suivit.

On télégraphie de Massouah, 16 novembre :

Le commandant Arnone est arrivé à bord du *Piemonte*, venant de Hodeidah.

Trois Erythréens, coupables de piraterie, remis par la Turquie, sont arrivés directement de Middy, à bord du *Caprera*.

Actuellement, le *Piemonte*, le *Galileo*, le *Barbarigo*, le *Caprera* et sept sambucs, pris au pirates, sont mouillés dans le port.

Soyez donc patient, et n'imitez pas la hâte du singe de la fable. Ce n'est pas vous qui prendrez le Pirée pour un homme.

Certaines nouvelles ne peuvent que gagner, d'ailleurs, à ces petites transformations où l'on reconnaît la marque de votre esprit et la sûreté de votre expérience du journalisme. Trouvant dans la feuille du soir une note de cette teneur :

> Ce projectile, d'une forme particulière, et du calibre de notre fusil de guerre, permet de tirer jusqu'à la distance de *800* mètres *sans hausse*.
>
> (*Les Débats*, 26 novembre 1903.)

il vous suffira, pour la faire vôtre, de mettre le chiffre en lettres et de remplacer un mot technique par un autre, quand vous la publierez le lendemain matin :

Ce projectile, d'une forme particulière, et du calibre de notre fusil de guerre, permet de tirer jusqu'à la distance de *huit cents* mètres, *sans trajectoire.*

(*Le Journal*, 26 novembre 1902.)

De telles inventions parfois ne sont pas choses entièrement perdues auprès de vos confrères ; et je me souviens que l'un d'eux mit en péril un ministre de la guerre, pendant notre campagne au Tonkin, en révélant au public que les canons avaient été embarqués avec leurs affûts, leurs obus et leurs gargousses, mais que, par incurie administrative, on avait oublié d'y *joindre les trajectoires*. Comme vous voyez, c'est une négligence qui ne saurait plus nuire à la nouvelle balle de notre fusil de guerre.

## *DE L'ART DE TRADUIRE*

Le rédacteur à qui aura été confiée la rubrique de l'étranger doit prendre soin de traduire, avec ou sans l'aide du dictionnaire, le plus littéralement qu'il se pourra, et de laisser au langage toute sa tournure étrangère. Il est bon de montrer au public l'ignorance que les étrangers ont tous de la langue française, et de lui faire comprendre que les étrangers écrivent tous mal. De plus, au cas (et il faut toujours le prévoir) où le metteur en pages commettrait une erreur, oublierait le titre, ou transporterait la note de l'étranger aux échos mondains, le lecteur se trouverait averti tout naturellement qu'il est en présence d'un article allemand ou d'un article anglais. Par exemple:

Dans les considérants de la sentence, le tribunal a

déclaré considérer comme prouvé d'après les aveux des accusés et aussi d'après des preuves abondantes que les trois hommes ont commis dans trois cas et ont essayé de commettre dans un cas le crime de haute trahison.

(*Le Temps*, Allemagne. — 10 novembre 1902.)

Dresde, 11 février.

Le jugement prononcé par le tribunal extraordinaire dans l'affaire du prince héritier de Saxe a la teneur suivante :

« Le divorce est prononcé pour cause d'adultère commis par l'épouse inculpée avec le professeur de langues Giron. »

(*Le Temps*, 11 fév. 1903.)

Grâce à ce procédé, il est loisible à chacun de se charger de la rubrique. En effet, il suffit de chercher chaque mot dans le dictionnaire et de le représenter par son équivalent français, *sans le changer de place*. Outre les avantages énumérés plus haut, vous trouverez celui d'être fidèle et exact sans vous donner aucune peine. Si, d'ailleurs, un mot avait plusieurs sens dans le dictionnaire, choisissez le premier, qui doit être plus général, partant plus vague. Et si, l'opération terminée, l'ensemble ne paraissait pas clair, soyez sûr que le lecteur n'éprouvera aucune surprise, mais plutôt de la satisfaction, pourvu que vous preniez soin de lui faire bien voir qu'il lit un article en *langue étrangère*. Vos erreurs (si vous en commettez) passeront ainsi pour les sottises des Allemands ou des Anglais et vous aurez fait œuvre de bon patriotisme (1).

N. B. — La plupart des dictionnaires allemands sont imprimés en caractères latins. Si vous ne pouvez lire la gothique des journaux, il faudra transcrire lettre à lettre, en cherchant dans l'alphabet placé en tête. Un peu d'habitude vous facilitera ce travail. Pour l'anglais, l'italien et l'espagnol, cette difficulté n'existe pas. Vous pouvez, sans courir de risques, refuser de traduire les journaux russes.

(1) Un bon exemple de cette manière de traduire a été donné par l'éminent publiciste anglais Edmund Gosse, dans la vie du poete Donne (*The life and letters of John Donne*. Londres, 1899, vol. I, pp. 23 et 24.) Sa traduction de la devise espagnole de Donne *Antes muerto que mudado* est de tous points excellente. M. Gosse écrit *Before I am dead how shall I be changed*, c'est-à dire *Avant que je sois mort combien serai-je changé!* Un autre aurait mis : « *Plutôt mourir que changer* », qui serait évidemment mauvais. Le premier sens de *antes* dans votre petit lexique est *avant* : c'est celui qu'il fallait choisir. Qui ne voit, d'ailleurs, que « plutôt mourir que changer » n'est qu'un truisme de proverbe? Au lieu que la pensée : « avant que je sois mort combien serai-je changé! » se trouve inscrite sur le portrait de Donne par Marshall, fait en 1591. Donne avait 18 ans et il prévoyait déjà qu'il cesserait un jour d'être courtisan libertin pour devenir doyen de Saint-Paul. Tant une traduction exacte et littérale, faite selon les préceptes indiqués, peut éclairer sur l'histoire d'une âme et d'une vie entière !

## *DE L'ÉRUDITION*

*(Chapitre court)*

Rien n'est plus insupportable qu'un pédant au siècle où nous sommes et pour notre optimisme bon enfant qui aime à rire de tout. *Ne quid nimis.* Laissons cela aux spécialistes, aux techniciens, et aux « magisters ». Il ferait beau vous voir entrer dans le salon de rédaction, la férule à la main. Sachez les noms de quelques auteurs ou artistes anciens, que tout le monde connaît, ceux des romanciers et des poètes à la mode ; ayez des lumières de tout ce qui a coutume d'être dit à un *five o'clock* ; suivant les feuilles auxquelles vous appartenez, défendez l'art ancien, ou les formules d'avant-garde ; et, comme le marquis de Priola, gardez la devise : *Toujours prêt.* Faites quelques allusions légères, en homme entendu, et non sans une négligence de bon ton :

Un académicien montrait, l'autre soir, à quelques bibliophiles surpris un petit volume de Stevenson, le romancier *australien*, gaîné d'une bizarre reliure de cuir rude et velouté.

(*Le Figaro*, 16 novembre 1902.)

A Nice, cet hiver, le mouvement artistique sera très important en ce qui concerne surtout les représentations extraordinaires et créations. Parmi ces dernières notons : *l'Attaque du moulin*, d'Isidore de Lara;.. le Casino municipal, dont la transformation est des plus heureuses..., présentera *Zaza*, opéra-comique de d'Annunzio, etc.

(*Le Journal*, 16 novembre 1902.)

Type du Nord, avec sa moustache rousse, ses épaules carrées, sa mâchoire solide et proéminente, M. Beugnet se dressa implacable. Il commença à la manière de Victor Hugo :

— Mon histoire, dit-il, sera brève.

(*Le Temps*, octobre 1902.)

Très aimablement, M. Alfred Boucher, le maître statuaire et le fondateur de la maison, me fait faire le tour du propriétaire :

— Je sais par expérience, me dit-il, les difficultés contre lesquelles les Apelles et les Périclès en formation ont à lutter.

(*Le Journal*, 15 novembre 1902) (1).

Nos lecteurs y verront défiler, comme en une galerie, ces belles « Dames du Temps jadis », que Ronsard regrettait en sa ballade fameuse.

(*Le Gaulois*, 13 mars 1903.)

L'*illustre auteur* anglais Berboom Tree est arrivé hier, tout exprès, pour assister à la représentation et repart ce matin après avoir eu une entrevue avec M. Bataille (2).

(*Le Gaulois*, 17 novembre; *le Temps*, 18 novembre 1902.)

(1) En Amérique, d'où nous viendra bientôt la haute mode, et qui nous a donné cet hiver la danse « fashionable », le *cake-walk*, le journalisme est compris de la même manière :

« In France, there are sold every year of Feuilleton's works, 50.000; of Daudet's, 80.000, and of Zola's, 90.000. Hall Caine received outright a check for $ 50.000 for *The Christian*. »

(*Litterary Magazine*. New-York, septembre 1902.)

(2) S'agirait-il ici du même personnage? « M. H. Beerbohm Tree, directeur du Her Majesty's Theatre, vient d'acheter le droit de représenter *Résurrection* à Londres. Il compte donner sous peu la pièce de M. Henry Bataille ».

(*Le Figaro*, 23 novembre 1902.)

## *DES CONNAISSANCES HISTORIQUES*

On s'est proposé dans la réforme de l'enseignement moderne de faire surtout connaître l'histoire contemporaine. Quelques fervents du temps passé songent à perpétuer la mémoire des événements trop reculés sur les plaques où est inscrit le nom des monuments ou des rues de Paris (1) : pont Henri IV, les paroles du roi sur la poule au pot; fontaine Molière, mention du dîner de ce célèbre comédien avec Louis XIV; rue Clovis, l'affaire du vase de Soissons; rue Saint-Louis-en-l'Ile, la justice rendue sous l'orme de Vincennes; rue François Ier, l'his-

(1) L'histoire dans la rue.

M. Fortin, conseiller municipal, vient de déposer sur le bureau du Conseil une proposition— qui rappelle d'ailleurs de vieilles propositions analogues — tendant à ce que les plaques indicatrices des noms de rues parisiennes portent désormais une brève notice explicative de ce nom.

(*Le Figaro*, 28 novembre 1902.)

toire de la belle Ferronnière, et ainsi de suite. C'est une douce fantaisie d'érudit qui ne nuirait à personne, mais inutile, sans doute, puisque vous prenez soin de rappeler les mêmes choses quand l'occasion s'en présente. Toutefois, il ne faut pas surmener la mémoire des lecteurs, ni trop charger la vôtre. La mode vous aidera souvent à guider les connaissances de ceux qui vous lisent, sans en avoir l'air. Au siècle dernier, les écrivains romantiques avaient mené la curiosité vers le moyen âge; heureusement nous n'en sommes plus là, et votre tâche est devenue plus aisée. C'est le dix-huitième siècle qui intéresse principalement les esprits : plus léger, plus accommodant, plus sceptique, et qui va du badinage libertin à l'épopée de l'énergie, de Louis XV à Napoléon. Voilà ce qu'il nous faut. Attachez-vous donc à rapporter à cette époque toutes les allusions que vous pourriez faire à l'histoire: qu'il s'agisse d'un meuble, d'une jolie femme, d'un livre, d'un acteur ou d'un scandale, vous n'entendrez dire autour de vous sinon: « bien dix-huitième ! tout à fait dix-huitième! c'est presque du dix-huitième! »

Allons ! dix-huitième siècle, tu n'es pas encore mort !

(*Le Figaro*, 18 nov. 1902.)

Suivez donc le goût public (1) : comme le panache blanc de « l'autre », vous le trouverez toujours sur le chemin où vous gagnerez de l'honneur.

Supposons que vous deviez parler d'une mélodie nouvelle écrite sur des vers de François Villon, qui vivait au quinzième siècle ; « sollicitez doucement » l'histoire, et vous donnerez du plaisir :

(1) Théatre des Mathurins. — Les théâtres à côté prennent de plus en plus d'importance. On se croirait revenu au dix-huitième siècle. C'est vers eux que se portent maintenant de préférence les hommes de plaisir et les femmes à la mode.

(*Le Figaro*, 11 déc. 1902.)

L'enlèvement, c'est si dix-huitième !

Oh ! parbleu, je sais bien qu'on enleva des femmes avant le règne de Louis XV, et je vous entends d'ici me jetant les noms d'Hélène ou des Sabines. Mais la belle affaire que de déployer de la force contre des femmes qu'on emporte, tandis qu'elles sanglotent en se tordant les bras ! Là se manifeste seulement l'odieuse brutalité de l'homme !

Or, au dix-huitième seulement, l'enlèvement devint pratique galante, grâce aimable et souriante.

(*Le Gaulois*, 10 déc. 1902.)

Mme Marcelle Dartoy a tout à fait la « ligne » indispensable à ces délicieux et galants *rondels* Louis XV qu'elle interprète à ravir. Elle personnifie elle-même un pastel de cet aimable dix-huitième siècle amoureux et spirituel, et c'est plaisir de la voir comme de l'entendre

(*Le Figaro*, 18 déc. 1902.)

M. Roger Ducasse aurait pu, en effet, comme tant d'autres, se contenter, en écrivant une mélodie sur les vers de Villon, de lui donner la forme du pastiche traditionnel et banal qui souvent n'est qu'une parodie bien pâle de ces délicieux airs que fredonnaient les marquises poudrées... Mais non, le jeune musicien a pensé — et combien il a eu raison! — qu'il ne suffisait pas de s'inspirer des formules « du temps » pour chanter la poésie d'une époque ; mais qu'il fallait encore que cette musique, par une recherche de couleur et de pittoresque très « poussée », fût elle-même une évocation.

Et c'est là, précisément, l'originalité amusante et audacieuse du *Rondel* de M. Ducasse, dont l'accompagnement reproduit les sonorités grêles et cristallines de l'épinette.

Et l'on éprouve, à l'écouter, l'impression exquise que l'on ressent lorsque, par hasard, vous tombe sous les yeux un pastel du dix-huitième siècle aux tons légèrement effacés....

(*Le Figaro*, 15 novembre 1902.)

Si Edouard Detaille peint une enseigne, vous pouvez prétendre tantôt que c'est « un petit amour Louis XV, aux ailes blanches (1) », ou « un délicieux petit amour en costume de mousquetaire avec

(1) *Le Journal*, 18 novembre 1902.

la cuirasse, le tricorne, et les bottes à chaudron (1)», ou « une sorte de galant abbé dix-huitième, avec des ailes, les ailes de l'Amour à l'époque charmante de la galanterie (2) », qu'il soit amour, abbé, ou mousquetaire, l'important est de le faire voir au temps qui nous charme (3).

Et vous pourrez dire de Balzac, en observant le même soin, et bien que Béroalde de Verville ait écrit deux cents ans avant Choderlos de Laclos :

> C'est un roman véritable que l'histoire de Balzac imprimeur; un roman d'un joli fumet dix-huitième siècle, qui pourrait trouver place entre les *Liaisons dangereuses* et *le Moyen de parvenir*...
>
> (*Le Temps*, novembre 1902.)

Rien n'est plus aisé, vous le voyez, que de placer dans ce joli cadre du « dix-huitième » musique, peinture ou poésie, pour peu que vous sachiez vous montrer habile historien, selon les exemples que vous venez de lire.

(1) *Le Gaulois* (id.).
(2) *Le Figaro* (id.).
(3) M. Detaille enlève, dans un ovale, une sorte d'« amour grenadier » assis au milieu des fleurs.
(*L'Européen*, 29 novembre 1903.)

## DE LA SCIENCE

(*Chapitre très court*)

Vous avez du sujet que vous traitez des notions vagues, comme il convient. Il est bon, politique, et flatteur pour le public de reconnaître qu'il les possède également. Ainsi l'hypnotisme, la suggestion, la puissance de la volonté sont choses dont tout le monde doit avoir entendu parler. Le public, même s'il les ignore, sera heureux, comme M. Jourdain, de les connaître sans le savoir.

Vous écrirez donc, dans un article sur l'anthropométrie (système Bertillon) :

> *On sait* également que la volonté n'a aucune influence sur la longueur de la tête.
>
> (*Le Gaulois*, 6 novembre 1902.)

Si votre directeur vous demande d'où vous avez tiré ce fait, ne le renvoyez pas au *Dictionnaire Larousse*, qui est à sa disposition, qui est trop connu, et souvent inexact. Citez Lombroso, Sergi, Tarde, la *Psychopathie sexuelle* du Dr Moll, Krafft-Ebing, les cliniques de Luys, Charcot et l'interview que vous avez prise à Bertillon. Virchow, Manouvrier, Sir John Lubbock, de Mortillet sont également des noms à retenir et à citer en matière d'anthropométrie ou d'anthropologie. N'oubliez pas que Moll est Autrichien, Krafft-Ebing Allemand, Virchow Prussien, Sir John Lubbock Anglais, Lombroso et Sergi Italiens, mais que Bertillon est Français. Les lecteurs français se réjouiront.

## *DES OPINIONS PHILOSOPHIQUES ET RELIGIEUSES*

(*Simple indication*)

Vous n'en devez point avoir de précises, attendu que, s'il est nécessaire de faire voir que vous marchez avec le siècle, et que vous avez foi dans l'avenir de la science, certains disent aussi que cette science a fait banqueroute et que mieux vaut encore s'en tenir à la simple religion du charbonnier. Si donc de dangereuses expressions se glissaient sous votre plume, accoutumez-vous à les neutraliser d'avance, afin de ne jamais être surpris, quand le temps vous manque pour revoir vos épreuves. Conciliez jusque dans les faits-divers le déterminisme et la liberté, le matérialisme et la croyance en Dieu; et si une femme tombe du cinquième étage dans la rue sans se faire de mal, écrivez hardiment :

Par un HASARD PROVIDENTIEL, elle ne s'est fait que des contusions sans gravité.

(*Echo de Paris*, 16 novembre 1902.)

Conservez la même impartialité entre les « préjugés de caste » et les « immortels principes de 89 » :

Le Tsar, BON PRINCE OU BONHOMME, consentait à servir de parrain (à l'orthodoxe) au mariage de la reine.

(*Le Temps*, 25 novembre 1902.)

*DES BEAUX-ARTS*

Montrez vos connaissances en peinture jusque dans les nouvelles les plus arides; soyez coloré; choisissez des rappels de tons; faites voir que vous traitez le public à la manière des grands seigneurs, avec familiarité, et que vous donnez aux syndicats ouvriers leur petit nom, tout court. Ce sera plus littéraire et plus entendu.

On sait que M. LANOIR est le représentant des « JAUNES ».

(*Le Gaulois*, 6 novembre 1902.)

Quelques jours après, citez-vous vous-même; cela vous donnera de l'autorité; et établissez un titre :

*Les Jaunes*

M. LANOIR, secrétaire général des syndicats JAUNES,

dont nous annoncions hier la démission, a décidé, après réflexion, de ne pas abandonner ses camarades. « Les Rouges, dit-il, seraient trop contents de mon départ. »

(*Le Gaulois*, 9 novembre 1902.)

La pitié dont MM. Jaurès et Basly jouent comme d'une clarinette pour fomenter les grèves, la pitié qui fait assommer les Jaunes par les Rouges au pays noir.

(*Le Gaulois*, 19 novembre 1902.)

*Ut pictura poesis...*

De même quand vous jugez la peinture, laissez voir que vous n'ignorez pas la musique. aites chanter les tons chauds ; parlez de l'harmonie des notes gaies dans une nature morte, de la symphonie des tonalités dans les tableaux de Besnard, et des fugues ardues de Degas.

## *DES BONNES MŒURS*

Notez ce point, jeunes gens, que les bonnes mœurs varient en raison inverse du nombre des pages des journaux : il faut en avoir à la page 1 une aussi forte dose que possible; si vous rédigez la page 8, c'est un souci que vous pouvez vous épargner; quand on en viendra à la page 16, vous aurez soin de fermer les yeux; et si jamais le progrès constant de notre admirable presse permet aux gazettes d'arriver à offrir au public 32 feuilles imprimées, moins vous aurez de mœurs dans la dernière et mieux vous profiterez. Montrez, à la un, votre vertueuse indignation contre la traite des blanches ; mais sachez, à la huit, vous en défaire avec tact et discrétion. Toutefois comme le lecteur français veut être respecté, ménagez sa pudeur au moyen de cryptogrammes faciles à entendre sur ce modèle :

Bébé. Xjfot xjuf nfodymfs. Bj tpjg ef upo gpvusf. Ub rvfvf ebot nb cpvdif. Ub mboh. fo npo dvm.

(*Le Journal*, page 7, 6 décembre 1902.)

Si d'ailleurs quelque lecteur endurci de vos articles vertueux à la un ou à la deux s'avisait de protester (1), il sera toujours temps de dégager votre responsabilité quelques jours après.

PETITE CORRESPONDANCE

AVIS IMPORTANT. — *Nous informons le public, qu'à l'avenir nous refuserons, aussi bien dans la PETITE CORRESPONDANCE que dans toutes les autres rubriques, les Petites Annonces dont le texte sera constitué par des mots sans signification apparente ou par des combinaisons de lettres interverties.*

(*Le Journal*, 10 décembre 1902.)

La rubrique aussi doit avoir son influence, même s'il n'est pas question de publicité. Lorsqu'il s'agit d'art, il ne faut point permettre que la sensualité serve de mobile aux actions humaines. Si vous avez à rendre compte du *Joug*, écrivez :

Quelle singulière idée ont donc les auteurs d'ici,

(1) Après avoir pris la peine de satisfaire sa curiosité en remontant d'un rang dans l'alphabet.

comme celui de là-bas, de prendre un vice matériel, la sensualité, comme point d'appui de leur action ?

Or, je ne sais rien de moins intéressant que ce fait brutal qui n'est pas à la louange de l'espèce humaine, et la rabaisse singulièrement. Si nous devions accepter l'humanité, dans sa masse, telle qu'on nous la présente depuis deux jours, dans son exception, ça ne serait plus qu'une ménagerie, avec cet avantage ou cette infériorité — comme il vous plaira le mieux — qu'à l'inverse des animaux, qui n'ont qu'une saison, sur l'homme, pour qui, comme l'affirme le proverbe, « l'amour est de toutes les saisons ».

. . . . . . . . . . . . . . . . . . . . . . . . . . . . . . .

En parlant ainsi, je n'exprime que ma sensation personnelle, j'ai tout lieu de supposer, cependant, que je suis en communion d'idée avec le public qui, tout en prenant un vif plaisir aux détails si finement présentés de la comédie, m'a paru éprouver quelque révolte des caractères trop odieusement vrais des personnages principaux, voire de tous les personnages de l'action, dans laquelle ne s'agite pas une seule honnête figure, sur laquelle on puisse reposer sa pensée, tout se passe vraiment trop entre « monstres », des « monstres » spirituels, charmants, élégants, soit, mais « monstres » quand même.

(*Le Gaulois*, décembre 1902.)

Mais s'il est question de juger des actions réelles, et de guider l'opinion au sujet d'un crime passionnel, ayez soin de n'admettre d'autre mobile que ce vice matériel, la sensualité, que vous ne sauriez voir au théâtre. Car vous allez au spectacle afin d'aider votre digestion par l'illusion d'un agréable mensonge ; tandis qu'il est nécessaire de rabaisser les mobiles des accusés, qui ne sauraient avoir agi par noblesse de sentiment, attendu que l'humanité des tribunaux et celle des salles de théâtre ne doit pas être la même.

L'attitude de Syndon n'est pas mauvaise ; il joue avec assez de grâce le romantique désespéré ; ses gestes sont de la bonne école, discrets et rares. Il pleure à souhait et sait se taire quand il convient. Mais son système de défense est bien singulier : il s'essaie à être galant homme et voudrait bien sauver l'honneur de la personne qu'il a si maladroitement compromise, et tout en avouant qu'il avait pour Mme David une affection profonde, qu'il l'adorait, mais que jamais celle-ci ne reconnut son sentiment en oubliant ses devoirs à son profit, il met cependant à ses explications toutes les réticences nécessaires à faire comprendre qu'il ne joue qu'un rôle et qu'il entend bénéficier, comme les camarades, de l'impunité dont certains jurys reconnaissent le caractère passionnel d'un crime.

. . . . . . . . . . . . . . . . . . . . . . . . . . . . . . . . . . . . . . . . . . . . . . . .

On voit le système. Il consent à adorer, juste dans la mesure nécessaire à excuser son crime. Il aime en artiste seulement, et c'est un passionnel platonique. Comme cela, tout est sauvegardé, la réputation de la personne, et son intérêt d'accusé.

(*Le Gaulois*. Même numéro, décembre 1902.)

## DU BON GOUT

Le bon goût peut être commis à votre tact et à votre discrétion, selon le public qui doit vous lire. On ne saurait, à cet égard, vous marquer nul précepte général. La plaisanterie qui distrait le lecteur habituel du *Temps* ou des *Débats* n'est point la même que celle qui fait rire celui qui achète *l'Intransigeant* ou *la Libre Parole*. Gardez en mémoire ce que La Bruyère écrit de Rabelais : « Où il est mauvais, il passe bien loin au delà du pire, c'est le charme de la canaille : où il est bon il va jusques à l'exquis et à l'excellent : il peut être le mets des plus délicats. » C'est à vous d'apprécier l'espèce des gens à qui vous vous adressez ; car le public qui lit les journaux va du délicat à la canaille. Le conseil serait ridicule d'imiter Rabelais. D'abord, comme dit La Bruyère, il est incompréhensible; et s'il paraissait tel au dix-septième siècle, combien doit-il l'être plus encore au vingtième! Quand même on réduirait à notre orthographe la bizarrerie de ses mots. Car de le lire dans une édition ancienne, il n'y faut plus songer. Ainsi que me le disait l'autre jour un de nos meilleurs ironistes, ces *s* faits en manière d'*f* le font siffler si bien, si fort, et si longtemps qu'il n'entend plus ce qu'il lit. Soyons de notre temps; Rabelais n'en est plus et vous en êtes. Certes, le public n'est pas ennemi d'une douce gaîté; mais mieux vaut être égrillard que gaulois, qui sent les grossières joies de nos pères. Croyez que nos mœurs ont autant de bon et que même les « délicats » se laissent aller parfois au charme qui séduit les autres.

Voici ce qu'on peut donner aux lecteurs du *Temps*, dans le feuilleton du lundi :

L'acte qui suit, *Œdipe voit,* de M. Kistemacker, est une fantaisie quelque peu longue, mais semée d'amusants détails. Elle nous montre un faux aveugle assistant à la toilette d'une jolie femme qui ne se méfie pas et nous faisant profiter des charmantes découvertes qu'il fait sur la personne de la dame. Comme Mlle Carlier est bien la femme de son rôle, on ne s'ennuie pas. M. André Dubosc est un *voyeur* fort spirituel.

(GUSTAVE LARROUMET. — Chronique théâtrale. *Le Temps*, 10 novembre 1902.)

A la faveur de tels badinages, on pourra plaire même par un sous-entendu que l'on n'a pas eu le temps de prévoir :

Dès lors, fatal et maudit, l'œil cave et le cheveu en saule pleureur, *portant son histoire en écharpe*, il marche dans la vie, enveloppé et nimbé par le regard *admiratif* et *apitoyé* des *femmes*.

(Id., id., id., 20 oct. 1902.)

Et laisser s'égayer la fantaisie des typographes :

Mlle Thérèse Berka est une Chonchette aisée, gaie, et à la *voie fraîche*. (Id., id., id., 10 novembre 1902.)

## *DE LA CONTROVERSE POLITIQUE DITE POLÉMIQUE*

vendu, taré, assiette au beurre, maître chanteur, fripouille, panama, honte, syph — que, goîtreux, répugnant, gâteux, intellectuel, panamiste, fonds secrets, idiot, calotin, imbécile, youpin, baveux, huguenot, bondieusard, flibustier, détraqué, tas d'immondices, dreyfusard, poisson, poubelle, solde de l'étranger, marmite, écumeur, sans-patrie, guenille, casserole, microcéphale, morp — n, hydrocéphale, farceur, pied au c — l, rachitique, gras, repoussant, louche, gros plein-de-soupe, fouette-c — l, véreux, goujat, marmiton, nationaliste, stipendié, pieuvre, parlementaire, cancre, zola, rat de sacristie, pédant, mangeur de blanc, exhibitionniste, franc-fileur, jésuite, affameur, spadassin, raccourci, ramolli, cloaque, dernier des coquins, talon-rouge, ignorantin, tout-à-l'égout, jacobin, boule-de-juif, assassin, escroc, crétin, escarpe, constipé, badingueusard, cuistre, antidreyfusard, ordure, papavoine, flique, aliéné, lépreux, mouchard, émaillé, trembleur, barbe-à-poux, individu sans scrupules, morveux, failli, coxalgique, déclassé, de mœurs équivoques, pourri, jean- f — re, républicain, vidangeur, muscadin, ivre-mort, queue-rouge, voleur, face à claques, pied-bot, pourriture, sac-à-vin, bandit, viande-à-rats, politicien, accapareur, prox — te, rallié, tripoteur, infâme, échappé de Bicêtre, concussionnaire, gaga, lâche, punaise de confessionnal, foireux, être immonde, vache, franc-maçon, repu, communard, déliquescent, bourgeois, gnôme, misérable, sous-vétérinaire, jocrisse, maq — u, aigrefin, poire, 5 et 3 font 8, dévergondé, marl — u, blême, pilier de lup — r, fumiste, fond de bain, émasculé, sénateur, veau à deux têtes, robin, estropié de cervelle, visqueux, scélérat, c — l rouge, traître, crapule, suppôt de l'étranger, saoûlaud, vampire, alboche, vermine, loubet, coch — n, fessemathieu, abject, révolutionnaire, grippe-sous, fausse-couche, méline, plat-pied, eunuque, opprobre national, gamahut, waldeck, sanguinaire, glaireux, pauvre hère, péd—te, saltimbanque, combes, impudique vieillard, carnaval, vomissure, antipatriote, fourneau, sans vergogne, épileptique, flamidien, loque humaine, melon, pel —tan, moisissure, bas policier, charogne, bouvier, saligaud, échappé de ghetto, va-de-la-gueule, mangeur de prêtres, décadent, sacristain, bouffi, homais, patibulaire, dégénéré, circoncis, lècheur de bottes, inverti, ravageur, prussien, bidoche, andré, galeux, échappé de bagne, tante, de basse mentalité, tuberculeux, ibsénien, bancal, mal blanchi, forçat, obscène, esthète, sinistre raseur, mufle, tue-les-mouches-à-quinze-pas, phtisique, juif, pion, thuriféraire, faussaire, faune, voirie, bancroche, satyre, pétroleur, espion, choléra, dumollard, fumier, anti-français, entripaillé, papuleux, enfroqué, nez crochu, fleur d'acné, pustuleux, glabre, filou, cynique, fantoche, réactionnaire, sauteur, va-nu-pieds, agioteur, voyou, sot, râclure, vieille barbe, patron de b—l, clérical, porc, cafard, ignoble, anarchiste, grille d'égout, excrément, impudent, menteur, être sans délicatesse.

N. B. — Parmi les termes de discussion il sera toujours plus profitable pour vous de choisir ceux qui signalent chez votre adversaire un défaut physique, ainsi qu'il est toujours aisé d'en découvrir, ou, s'il n'y en avait point, d'en imaginer. Cela prête infailliblement à rire, et sauf le reproche *intellectuel*, qui flatte toujours vos lecteurs, les tares visibles et sensibles sont plus aisément appréciées par le public.

## *DE LA BONNE FOI*

## *DES PLUMES*

« La *littératurite* est une maladie comme les autres qui sévit sur la jeune génération : elle aime trop la plume, et c'est ce qui la tue ou la détériore. Mais d'abord il faut être bien sûr d'avoir une plume pour que le métier d'écrivain soit ce qu'il est, un métier charmant, et il faut ensuite ne pas la tremper dans tous les encriers.

(S. *Journal des Débats*, 5 janvier 1903.)

Qu'en pensez-vous ! N'est-ce pas bien dit, avec galanterie et non sans élégance? Voilà l'endroit de mon livre où je craignais le pas. Je redoutais d'y arriver. Il faut l'avouer, je me songeais à moi seul : si Aristote ou pour mieux dire Hippocrate a le chapitre des chapeaux, Loyson-Bridet doit avoir le chapitre des plumes. Facture ou écriture sont peu, à nous autres et nos confrères ; il n'est rien de tel qu'une « plume bien taillée », surtout quand l'acier en a été trempé à Blanzy, et depuis que John Mitchell en fournit les bureaux à toutes les mesures. Tailler une plume il faut, néanmoins, comme on dit « le courrier » quand on entend le facteur des postes, ou « cacheter » une enveloppe pneumatique. Plume bien taillée : cela, jeunes gens, vous a un joli fumet dix-huitième siècle autant que les solives peintes et les faux croisillons. Cultivez votre plume, disait Sosthène de la Rochefoucauld (non celui de chez *Maximes* — ce n'est pas le même prénom — vous vous en souvenez); taillons nos plumes, Messieurs, répéterai-je. Ayez toujours vos plumes bien taillées — et veillez-y soigneusement chez les autres.

Par bonheur un journaliste — un maître — avait déjà parlé. *Juro in verba magistri.* Il faut être sûr d'avoir une plume et il faut ensuite ne pas la tremper dans tous les encriers. Si j'avais des lettres, et de l'or, cette phrase serait imprimée dans mon livre avec des lettres d'or. Le grand homme qui l'a écrite, si je ne me trompe, a médité dès longtemps sur les plumes. Je crois l'entendre encore : (il y a quinze ou vingt ans — mais le temps ne fait rien à l'affaire). — « Bossuet, nous disait-il, écrit avec une plume d'aigle ; Fénelon avec une plume de cygne, et Pétrone avec une plume de coch — n. »

Ayez donc soin, dans vos jugements littéraires, d'apprécier comme il convient les plumes de vos confrères. Un exemple entre mille (1) :

M. Bernheim, amateur de théâtre, est aussi agréable qu'instructif. Ce diable d'homme est vivant à un degré rare et il écrit d'une plume aussi vivante que tout son être.

(GUSTAVE LARROUMET, Chronique théâtrale du *Temps*).

On peut d'ailleurs considérer la plume en soi, objet matériel :

Ici une première, celle de *Ma bonne Cousine*, comédie en trois actes de M. P.-L. Flers, qui sans doute écrit à plusieurs plumes, comme les écoliers qui font des pen-

(1) Il a laissé courir une plume agile et bien taillée, une plume de chroniqueur, sur la table volante du journaliste.

(*Le Temps*, novembre 1902.)

Entre temps, il écrivait des chroniques dans *le Gaulois*, d'une plume alerte et gracieuse.

(*Les Débats*, 8 décembre 1902.)

La lettre me concernant que M. le président Magnaud vous a adressée et que vous avez publiée dans votre numéro d'hier m'embarrasse terriblement. D'abord, elle est certainement écrite avec une plume de paon ; et je ne pourrai y répondre qu'avec une plus modeste plume.

(*Les Débats*, 3 mai 1903.)

sums, car je le vois jouer partout, dans tous les music-halls, et maintenant, à Cluny.

(*Le Gaulois*, 18 janvier 1903.)

Ou prendre la partie pour le tout, μεταφορικῶς. Le style, c'est l'homme même, écrivait le naturaliste Buffon. Horace, plus proprement : *Sæpe stylum vertas*. Pour nous, si j'ose dire, l'homme même, c'est la plume.

Plume bien taillée.
P. piquante.
P. vibrante.
P. captivante.
P. galante.
P. badine.
P. volante.
P. affirmative.
P. fugace.
P. vaillante.
P. magique.
P. entreprenante.
P. frigide.
P. éloquente.
P. humaniste.
P. agile.
P. savoureuse.
P. troublante.
P. affolante.
P. sémillante.
P. frémissante.
P. amusante.
P. saisissante.
P. décevante.
P. larmoyante.
P. molle.
P. cynique.
P. vénale.
P. volumineuse.
P. mouillée.
P. féministe.
P. fugitive.

P. élégiaque.
P. souriante.
P. étincelante.
P. chatouilleuse.
P. idéaliste.
P. fouilleuse.
P. velue en diable.
P. sportive.
P. bien disante.
P. érudite.
P. parisienne.
P. hiératique.
P. prestigieuse.
P. éblouissante.
P. élégante.
P. taillée de main de maître.
P. réjouissante.
P. enjouée.
P. solitaire.
P. émoustillante.
P. virevoltante.
P. imaginative.
P. dithyrambique.
P. insidieuse.
P. sautillante.
P. satirique.
P. nostalgique.
P. obscure.
P. avenante.
P. naturaliste.
P. voluptueuse.
P. grave.
P. nourrie.
P. chantante.
P. émasculée.
P. attique.
P. nerveuse.
P. mélancolique.
P. amorphe.
P. naïve.
P. fervente.
P. irritante.
P. boulevardière.
P. graveleuse.
P. splénétique.
P. lassée.
P. documentée.
P. dolente.
P. exacerbée.
P. neurasthénique.

P. vigoureuse.
P. cabriolante.
P. savante.
P. capricieuse.
P. sympathique.
P. méritoire.
P. capricante.
P. perfide.
P. impeccable.
P. sentimentale.
P. barbare.
P. enflammée.
P. humanitaire.
P. gouailleuse.
P. indulgente.
P. singulière.
P. solliciteuse.
P. voltairienne.
P. décadente.
P. cavalière.
P. littéraire.
P. câline.
P. mâle.
P. conquérante.
P. de vingt ans.
P. ironique.
P. épiscopale.
P. paresseuse.
P. candide.
P. insouciante.
P. odorante.
P. ondoyante.
P. esseulée.
P. errante.
P. insinuante.
P. cruelle.
P. attendrie.
P. parfumée.
P. irritée.
P. révoltée.
P. assoiffée.
P. grondeuse.
P. inexorable.
P. romantique.
P. esthétique.
P. découragée.
P. prime-sautière.
P. follette.
P. hermaphrodite.
P. prostituée.
P. sénile.
P. émue.

P. épique.
P. drue.
P. évangélique.
P. illustre.
P. vengeresse.
P. vibratile.
P. pittoresque.
P. térébrante.
P. étourdissante.
P. éjouie.
P. évocatrice.
P. provocante.
P. aimable.
P. sceptique.
P. mystérieuse.
P. aisée.
P. caressante.
P. ingénieuse.
P. coquette.
P. poétique.
P. légère.
P. diserte.
P. rieuse.
P. affriolante.
P. fine.
P. gauloise.
P. frivole.
P. endiablée.
P. sadique.
P. bien moderne.
P. familière.
P. harmonieuse.
P. talentueuse.
P. coulante.
P. intime.
P. attristée.
P. versicolore.
P. réconfortante.
P. égrillarde.
P. capiteuse.
P. banale.
P. constipée.
P. acerbe.
P. spéciale.
P. passionnée.
P. grossière.
P. veloutée.
P. pénétrante.
P. morose.
P. déconcertante.
P. grasse.
P. mystique.

P. mutine.
P. poignante.
P. mobile.
P. bien française.
P. alerte.
P. active.
P. palpitante.
P. gracieuse.
P. gracile.
P. adorable.
P. féline.
P. électrique.
P. bien maniée.
P. solide.
P. exotique.
P. grivoise.
P. souple.
P. affolée.
P. fantasque.
P. de Sarcey.
P. verveuse.
P. d'oie.

## DE LA LECTURE

Joseph Scaliger dit dans les *Scaligerana* : « Monsieur l'Ambassadeur (du roi de France, M. de Buzenval) lit ses livres sans être reliés pour la plupart, comme faisoit Turnèbe, et estudioit couché sur le ventre à terre. *Ego non soleo legere libros nisi compactos.* » Voyez du rat de bibliothèque. Et cet autre, qui écrit : « Le plus haut plaisir du lecteur, comme de l'auteur, est un plaisir d'hypocrite qui essaie de jouer les personnages qu'il s'imagine... Le vrai lecteur construit presque autant que l'auteur : seulement il bâtit entre les lignes. Celui qui ne sait pas lire dans le blanc des pages ne sera jamais bon gourmet de livres. » Ah, l'amateur Tartufe, le petit Jésuite ! Et plus loin : « Lire dans son lit est un plaisir de sécurité mêlée de bien-être.

Mais il change de nature avec l'âge. Souvenez-vous de la page la plus intéressante du roman que vous dévoriez après coucher le soir, vers quinze ans, dans le moment où elle se brouille, s'assombrit, s'efface, tandis que la bougie brûlée à fond crépite, palpite bleu, fait craquer la bobèche, et s'éteint. Et du petit livre appuyé sur l'oreiller pour recevoir la première pauvre lumière du jour : couché sur le ventre, le menton soutenu par les mains, les coudes écartés, j'aspirais tous les mots. Jamais je n'ai lu plus délicieusement. Il n'y a pas longtemps que j'ai essayé de reprendre ma vieille position de l'aube. Elle m'a paru insupportable. Une charmante dame slave se plaignait un jour devant moi de n'avoir jamais trouvé la position « idéale » pour lire. Si on s'assied à une table, on ne se sent pas en communion avec le livre. Si on s'en approche, la tête entre les mains, il semble qu'on s'y noie parmi une sorte d'afflux sanguin. Dans un fauteuil, le livre pèse vite aux mains. On se couche ; on se met sur le dos, et, pour lire, on prend froid aux bras. Souvent la lumière est mauvaise ; il y a de la gène pour tourner les pages ; si on se met sur le côté, la moitié du livre échappe : ce n'est plus la véritable possession. Voilà pourtant où il faut se résoudre. « C'est détestable pour les yeux », disent les bonnes gens. Ce sont de bonnes gens qui n'aiment point lire. Seulement l'âge diminue le plaisir de l'acte défendu où on ne sera pas surpris et de la sécurité où toutes les audaces de la fantaisie peuvent danser à l'aise. Restent la solitude douillette et tiède, le silence de la nuit, la dorure voilée que donne aux idées et aux meubles la lampe et l'approche du sommeil, la joie sûre d'avoir à soi, près de son cœur, le livre qu'on aime. Quant à ceux qui lisent au lit « contre l'insomnie » ils me font l'effet « de pleutres admis à la table des dieux et qui demanderaient à prendre le nectar en pilules ». Vous verrez qu'il ne parlera pas du journal. Ailleurs il vous dira le plaisir de « lire en chemin de fer, sous le demi-globe de la lampe, avec le tac-tac, tan-tan du train, et les coupées de lumières jaunes et d'ombre par les vitres des portières, jusqu'à la lueur rose et grise du matin » ; de la joie « de se cloîtrer et de se calfeutrer contre le dehors : car nous voulons être en sécurité, et pouvoir serrer contre nous toutes nos pensées ». Du journal il ne soufflera mot. Mais il vous expliquera que « certains livres ne peuvent être séparés de leur premier aspect quand nous les avons connus », et il vous dévoilera « son goût infâme pour le livre poucеté, sali, annoté, crayonné, du cabinet de lecture, avec le profond mystère des pages déchirées »... Et le journal? Tarare. Il vous confessera « le danger de vouloir trop connaître un livre, et de se fondre en lui, comme en la femme qu'on aime, et qu'on veut fondre en soi : quand on possède dans son âme la femme et le livre, on ne voit plus la femme, et on ne connaît plus le livre. Il faudrait toujours se réserver quelque surprise ». Il parle de la lecture, comme Stendhal de l'amour. Mais il ne lit pas son journal. S'il le lisait, il ne serait point ainsi.

Et il aurait l'avantage d'être plus semblable aux autres. Car le journal a créé le public. M. Bourdeau nous l'explique dans *les Débats* du 3 janvier 1903, d'après M. Tarde.

La presse, comme le remarque M. Tarde, dans son livre *l'Opinion de la foule*, plein de vues aussi ingénieuses que profondes, a créé un groupement nouveau, *le Public ;* ce n'est plus par le lien des corps, comme dans les foules assemblées, mais par le lien des esprits, créé par le journal, que les idées cheminent à travers l'espace. Chaque journal est une paroisse, un diocèse; les intérêts et les passions s'y trouvent idéalisés, sublimés en des théories. Le journal répond à un besoin croissant de sociabilité distincte et diverse.

Dialogue de chaque jour entre l'intelligence individuelle et l'intelligence publique, l'action qu'exerce la presse soulève le problème de psychologie le plus délicat.

Les inappréciables avantages qu'on peut tirer d'un tel dialogue! Ecoutez *le Temps* du 12 décembre 1902.

La sensibilité morale s'endurcit comme la sensibilité physique. Le journal nous apporte, tous les soirs et tous les matins, des récits effrayants : accidents, crimes, suicides, souffrances affreuses endurées par des populations entières; expéditions militaires, brigandages, naufrages et le reste. Quelle est la jeune femme qui, en prenant son petit déjeuner, n'apprenne ainsi chaque jour vingt catastrophes, dont la moindre serait de nature à nous faire dresser les cheveux sur la tête, si nous avions le temps de nous la représenter avec le cortège de douleurs et de misères qu'elle traîne après soi? Cela ne fait perdre à notre jeune femme, ni son appétit, ni sa belle humeur, ni son goût du plaisir. Cela ne dérange en rien l'ordre de sa journée telle qu'elle l'a combiné la veille, à supposer qu'elle soit du nombre des rares personnes de son sexe qui savent la veille ce qu'elles feront le lendemain? On est blasé. La presse remplace l'expérience. Il fallait, jadis, avoir fait ses caravanes, pour porter dans sa poitrine un cœur de bronze. Il suffit aujourd'hui d'être abonné à un journal. On disait jadis d'un homme, pour expliquer qu'il demeurât indifférent, là où d'autres montraient de l'émotion ; il en a tant vu! Nous disons aujourd'hui, pour excuser notre dureté : j'en ai tant lu!

De quels plaisirs vous vous privez donc, ô tristes chercheurs d'infini, lecteurs hypocrites, mes frères! Hypocrites, puisque vous lisez les journaux. De toute nécessité vous les lisez. On ne peut pas vivre, si on ne les lit. Un homme sans journal est comme un aveugle sans bâton, un âne sans croupière, une vache sans cymbales. Otez-moi mon journal, et jusqu'à ce que vous me l'ayez rendu, je ne cesserai de crier après vous, comme un aveugle qui a perdu son bâton, de braire comme un âne sans croupière et de bramer comme une vache sans cymbales. *Omnis diurnalis diurnabilis in diurnario diurnando diurnans diurnativo diurnare facit diurnaliter diurnantes. Ego habeo diurnales. Ergo gluc.* Je connais mes auteurs : je vous les rends. Les cloches à Notre-Dame (vous m'entendez assez) les journaux au public. Vous en êtes; j'en suis; le journal nous a créés public. Il nous faut des journaux. L'homme ne vit pas de pain seul. *Panem et diurnales!* Torture inconcevable que d'être sans journal! Privez-moi plutôt de tabac, ou d'eau ou de pain. Lisez plutôt : « Nous n'imposerions aux détracteurs de la presse d'autre châtiment que de les sevrer pendant quelques semaines de la lecture des journaux ; on les verrait aussitôt venir à résipiscence » (J. BOURDEAU, *les Débats*, 3 janvier 1903). Qu'en dites-vous? Celui-là n'est pas dans *le Jardin des Supplices*. Il est inédit, il est moderne, il est européen.

Et savez-vous comment il faut lire les journaux? Il y a plusieurs méthodes. M. Secrétan, directeur de *la Gazette de Lausanne*, en lit certains pour se reposer : « Moi, dit-il, qui par devoir professionnel lis, tous les jours, beaucoup de journaux, de tous pays, je prends un journal de Paris quand, au bout de ma laborieuse journée, je veux ou me distraire ou me reposer. » (*Revue Bleue*, décembre 1902.)

Mais M. George Fonsegrive les lit entre ses repas. « Il est une heure ou quatre heures de l'après-midi... vous êtes bien éveillé, votre digestion ne vous trouble pas, vous prenez la feuille ou les feuilles, et, tout en faisant sauter les bandes, vous vous dites : « Attention ! »(*Comment lire les journaux*. 1 vol., Lecoffre).

Oh le fâcheux! Il veut qu'on fasse « attention » à l'outrance ou à la discrétion des réclames, à la façon de résumer ou de couper les discours, aux chiffres qui sont faux, aux articles qui sont désintéressés, à la « manière légitimiste de présenter une histoire de chien écrasé ». Est-ce l'heure de jouer les Père Malebranche, et de se mettre à la recherche de la vérité ? Où la critique va-t-elle se nicher ? Porter « attention » à la lecture des journaux, des bons journaux, des amusants journaux, des journaux quotidiens, de notre pain quotidien que nous achetons pour un sou, pour un pauvre sou! Et, comme dit *l'Echo* du 7 janvier 1903, « il a eu son utilité, ce sou qui est l'étalon de la trésorerie populaire : il paie le petit pain de l'employé, le lait de la vieille femme, le bouquet de violettes de l'humble amoureux, et aussi le journal, bible et bibliothèque de l'homme moderne ». Attention! Douter de ma bibliothèque, douter de ma Bible ? Ah, mécréant, on voit bien que vous n'avez pas la foi!

## *L'AUTRE*

Il n'y a plus (vous le savez bien, petites rosses) ni génies ni esprits. M. de Voltaire, le pharmacien Homais (qui en 1857 prit la suite de ses affaires) et Max Nordau, dont la concurrence a tué la maison, vous l'ont assez prouvé. Toute l'inspiration d'Ezéchiel (1) n'était que de manger, sur l'ordre

(1) Ce raseur d'Isaïe traite des questions qui manquent vraiment trop d'actualité.

Comment s'intéresser à ses histoires? Jugez-en par ce passage, que je cite au hasard : « Alors, Eliakim, Shebna et Joach dirent à Rabskaké : — Parle à tes serviteurs en langue araméenne, car nous l'entendons, et ne nous parle pas en langue judaïque aux oreilles du peuple qui est sur la murailles. »

Et Rabskaké répond : « Est-ce vers ton maître ou vers toi que mon maître m'a envoyé, pour dire ces paroles? N'est-ce pas vers les hommes qui se tiennent sur la muraille, pour dire qu'ils mangeront leurs excréments et boiront leur urine avec nous? »

Il est dégoûtant, Rabskaké. En voilà une conversation! Est-ce donc ainsi qu'on composait les menus du temps d'Isaïe?

(*Le Matin*, 7 mai 1903.)

prétendu de Dieu, force grandes tartines de m—e; voilà pour les prophètes; l'intéressant stréphopode fut scientifiquement opéré, au mépris des pratiques mystérieuses et surannées des sorciers de campagne; voilà pour les crétins; et l'on sait (sans plus faire de façons) comment le génie vient aux hommes. Coprophagie, leucocytose, syph — s; lyrisme, idiotie, épilepsie; hallucination, aliénation, suggestion, hystérie, inversion sexuelle, pathologie et psychopathie; vous m'entendez assez. Dégénérescence. La cause aussi est entendue. Ce qu'il fallait démontrer. *Basta*, en espagnol.

Mais il y a l'*Autre*. Vous le connaissez bien; nous en parlons toujours; nous n'y pensons jamais. Celui dont nous disons « comme dit l'autre » et que nous n'avons jamais vu. Le journal a son secret; la phrase a son mystère. L'Autre n'a pas de nom; c'est l'Autre. Quand vous l'invoquez, il vous secourt. Criez à l'aide : il est là. Tout ce que vous ne savez pas, il le sait; ce que vous savez, il ne le sait pas. C'est votre double; il vous ressemble comme un frère. Entre minuit et une heure, si votre plume s'arrête — hélas — invoquez-le. Il vous parlera. Tenez; voici qu il est tard; je suis seul, et entouré de noirceur et de silence : je l'appelle — et je vous le jure, moi, Loyson-Bridet, il me fait peur. Ecoutez ses mots étranges, inarticulés : tiens bon mon vieux experto crede roberto c'est tapé chi lo sa much ado about nothing alors il y a du bon quos ego j'aimerais mieux autre chose eurêka ejusdem farinæ voilà le chiendent to be or not to be se non e vero ah que j'ai pouffé goddam vulgum pecus attends voir s'ils viennent a giorno et nunc erudimini méli mélo currente calamo shocking in anima vili sœur Anne ne vois-tu rien venir rara avis chi va piano va sano bone Deus all right couci couça hic jacet lepus il ne faut qu'un coup pour tuer le loup tu quoque in naturalibus ça se décroche de omni re scibili le pourceau d'Epicure proh pudor c'est chouette rien ne sert à rien that is the question stultorum numerus est infinitus...

Halte, je le tiens celui-là! Il est dans mon petit dictionnaire Larousse, page 835 :

« Paroles de Salomon dont on peut encore faire l'application. »

Est-il donc Salomon? Est-il Shakespeare? Est-il Dante? Romain, Grec, Hébreu, Italien ou de mon pays de veaux? Est-ce un sans-patrie? Est ce Dieu?

Est-ce la déesse Raison? Est-ce le buisson enflammé qui me dicte les nouvelles tables de la loi? ou contemporain de Iahweh, des Elohim, est-ce le vénérable roi Hammourabi ? Est-ce Gavroche, Prudhomme, La Palisse, Mayeux, — ou, *proh pudor!* Notre Maître lui-même? Quelle est cette ombre inspiratrice des lieux communs éternels, cette sagesse des nations polyglotte, cette Babel du sublime éculé, cette savetière de l'idéal qui rapetasse nos articles ?

C'est *l'Autre*. Il n'a point de nom que ce nom contraire. Il est celui qui est, celui qui sait, par opposition à vous qui n'êtes ni ne savez. Adorez-le, mes frères, et invoquez-le souvent, à l'exemple de Notre Maître. Son origine est inconnue ; sa fin est obscure. Ne cherchons pas à le comprendre. Redisons seulement avec ferveur les mystérieuses paroles du premier dictionnaire de l'Académie Française :

« *Comme dit l'autre* : pour citer en général sans nommer personne. Car, comme dit l'autre, il faut bien, etc. »

## LES DÉTRACTEURS DU JOURNALISME

Baudelaire, à qui vous pourrez toujours reprocher d'avoir écrit *Une Charogne* (1) et *Femmes Damnées*, d'être l'initiateur de l'école décadente

(1) Le poète des *Fleurs du mal* a si mauvaise réputation que nos honnêtes dames, naturellement, vont à lui d'un élan instinctif. Les personnes distinguées que gêna la double apothéose de Victor Hugo font volontiers de la « réclame » à l'éminent auteur de *la Charogne*. Et puis on se rappelle vaguement les notes et notules où ses contemporains, Théophile Gautier, par exemple, ou M. de Banville, ont esquissé sa silhouette coutumière : « Sa politesse était excessive jusqu'à paraître maniérée. Il mesurait ses phrases... Ses gestes étaient lents, rares et sobres... La froideur britannique lui semblait de bon goût. » Bref il n'avait rien de spontané ni de naïf. Il était (disons-le franchement ; cela ne diminue point sa renommée), il était un peu « poseur ». Mais un certain degré de pose n'est pas inutile pour réussir dans les cénacles et rayonner sur les salons. Baudelaire a stupéfié maint bourgeois en confessant la prédilection perverse qui lui faisait aimer

Les visages rongés par les chancres du cœur.

Le « dandysme satanique » de Baudelaire attira et retint bon nombre de badauds. Son *Spleen* plaît aux bons snobs.

(GASTON DESCHAMPS, *le Figaro*, février 1903.)

et le fondateur (ainsi que dit le directeur d'une éminente revue) de cette littérature de bagne au milieu de laquelle nous vivons, n'a pas craint d'insulter au journalisme :

MON CŒUR MIS A NU

(*ô popoi ! eût dit Homère !*)

LXVIII

Il est impossible de parcourir une gazette quelconque, de n'importe quel jour, ou quel mois, ou quelle année, sans y trouver, à chaque ligne, les signes de la perversité humaine la plus épouvantable, en même temps que les vanteries les plus surprenantes de probité, de bonté, de charité, et les affirmations les plus effrontées relatives au progrès et à la civilisation.

(*eheu ! eheu ! atque iterum eheu ! comme dit l'autre.*)

Tout journal, de la première ligne à la dernière, n'est qu'un tissu d'horreurs. Guerres, crimes, vols, impudicités, tortures, crimes des princes, crimes des nations, crimes des particuliers, une ivresse d'atrocité universelle.

(*ah, mes enfants ! comme disait Sarcey.*)

Et c'est de ce dégoûtant apéritif que l'homme civilisé accompagne son repas de chaque matin. Tout, en ce monde, sue le crime : le journal, la muraille et le visage de l'homme.

*(quousque tandem, poetaster, abuteris patientia nostra ?)*

Je ne comprends pas qu'une main pure puisse toucher un journal sans une convulsion de dégoût (*sic*).

(*Œuvres inédites de Baudelaire*, p. 117.)

Voilà l'opinion d'un mangeur d'opium : il est digne de son patron, le buveur de whisky. La haine du journalisme semble mener à la paralysie générale ou au délirium tremens (1) :

*Les Attaques Personnelles dans la Presse.*

Toutes les fois que je lis un paragraphe injurieux dans les journaux, je me souviens du mot si drôle de Johnson à Goldsmith : « Mon cher docteur, quel mal voulez-vous qu'il y ait à traiter un homme d'Holopherne ? »

(EDGAR POE, *Marginalia*, I.)

*(Je ne sais pas si vous êtes comme moi : mais j'avoue que ceci dépasse ma mentalité.)*

Autre mangeur d'opium, le nommé Coleridge. Encore un poète abscons :

(1) Cf. un livre récent d'Arvède Barine et les ouvrages de Max Nordau, *passim*.

*Révolutions Intellectuelles. — Le Style Moderne. — Le Journalisme.*

Il y a eu en Angleterre trois révolutions silencieuses : la première, quand les professions libérales se sont séparées de l'Eglise ; la seconde, quand la littérature s'est séparée des professions libérales ; la troisième, quand la presse s'est séparée de la littérature.

—

Les locutions communes se sont tellement stéréotypées, si l'on peut dire, par l'usage conventionnel, qu'il est devenu réellement plus facile d'écrire tous les jours un article politique en style ordinaire de journal que de confectionner proprement une paire de bottines. Un apprenti a tout juste autant à apprendre pour être cordonnier que jadis ; mais tel ignare outrecuidant, pour peu qu'il ait suffisance de manque d'honnêteté, peut très effectivement manier une plume dans un bureau de journal, avec infiniment moins de peine et de préparations qu'il n'en fallait au temps passé.

*(et allez donc ! ça n'est pas mon père !)*

(COLERIDGE, *Propos de Table* (*je te crois !*), 21 avril 1832.)

Passons à un dipsomaniaque (celui-là s'abreuve d'eau de Cologne).

Ce matin, levé à neuf heures. Lu le journal. La presse

me dégoûte. Je voudrais qu'on la sabrât, et nos constitutions aussi, ces causes journalières de déboires. — Je suis *radical*, mais non démocratique. — La démocratie est la souveraineté de l'ignoble. — On peut m'en croire, moi qui l'ai aimée et dont l'amour a été tué par le dégoût.

(J. BARBEY D'AUREVILLY. *Premier memorandum*, 25 septembre 1836.)

*(Oh là là! Ousqu'est mon fusil?)*

Le journalisme a toujours eu le même genre d'ennemis, même quand il n'en était point arrivé au degré de perfection où le progrès de la pensée moderne l'a porté, même quand il n'existait pas encore, pour ainsi dire! On s'en prenait alors à l'opinion publique, dont le journal n'est que l'expression.

Lisez ceci :

Il y a à parier que toute idée publique, toute convention reçue, est une sottise; car elle a convenu au plus grand nombre.

CHAMFORT.

*(Dieu que les gens d'esprit sont bêtes, comme dit l'autre. — Qu'est-ce que le bon sens, le gros bon sens tout rond du peuple? Que sont notre maître, et les jurys, et le public des théâtres? Autant de sots? Allons donc!)*

Un calotin, maintenant :

16 janvier (1782). Il faut avouer que Messieurs les journalistes sont des animaux indécrottables. Il leur faut faire humble salamalec pour qu'ils annoncent vos ouvrages, humble et plus bas salamalec encore pour qu'ils en parlent. En parlent-ils, ils sont bien rarement impartiaux. *Le Journal de Paris* en fournit aujourd'hui la preuve. Il donne un extrait des *Etrennes lyriques* dans lequel il prétend que les *Etrennes lyriques* de cette année sont inférieures à celles de l'année passée. Il faut être ou bien ignorant, ou bien prévenu.

(*Journal intime de l'Abbé Mulot* (1777-1782), publié par M. Maurice Tourneux).

Voilà bien, au contraire, l'ignorance des historiens. Si l'abbé Mulot avait pris la peine de se renseigner, il aurait su comment on décrotte Messieurs les journalistes, qu'il traite avec tant de mépris. On lui aurait fait voir que toute publicité se paye avec de l'argent. Pourquoi donc serait-on impartial *gratis*? Quelles sottises arriérées! Nous vivons, grâce à Dieu, dans un siècle mieux éclairé.

Et pour finir, le sinistre Horace, le poète chassieux et voyeur (1) :

(1) Ad res Venerias intemperantior traditur; nam speculato cubi-

*Odi profanum vulgus et arceo.*

Je ne vois pour ma part aucune différence entre ce mot et celui de Caligula qui aurait voulu que le peuple n'eût qu'une tête, pour la lui couper (1). L'un parle en tyran, l'autre en esthète. Horace empereur n'aurait pas dit autrement.

Laissons là ces rêveries malsaines. Platon voyait juste, quand il prétendait chasser les poètes de sa République. Dans la société de l'avenir, le journalisme, qui a vulgarisé la littérature, la remplacera auprès du peuple. Les tours d'ivoire s'écroulent. Place au public (2)!

culo scorta dicitur habuisse disposita, ut quocumque respexisset ibi ei imago coitus referretur. (SUÉTONE. *Vie d'Horace.*)

(1) Utinam P. R. unam cervicem haberet! (ID., *C. Caligula.*)

(2) Notez en passant, pour *memento* de critique, l'emploi qu'on a fait dans ce chapitre d' « arguments » sensibles pour le public mangeur d'opium, paralytique, ivrogne, chassieux, voyeur, etc.

## *BONNES LOCUTIONS*

Le *quorum* est atteint.
La reconnaissance d'un *statu quo*.
L'*exequatur* est accordé.
Ajourner *sine die*.
*Fara da se*.
J'en passe, et des meilleurs.
Un *quos ego*.
Comme dit l'autre.
Apparaître comme un *Deus ex machina*.
Exiger un *quid pro quo* considérable.
Appliquer de *plano*.
Une neutralité *sui generis*.
*Volens nolens*.
Dans toute l'acception du mot.
Littéralement (réduire en miettes littéralement, couper

en deux littéralement, broyer littéralement, une tribune bondée littéralement).

Machinalement.

Le brouet du Spartiate.

L'épée de Damoclès.

Le tonneau des Danaïdes.

Le rocher de Sisyphe.

Le lit de Procuste.

*Timeo Danaos et dona ferentes.*

Les *impedimenta.*

Modernisme.

Dix-huitième (bien dix-huitième, tout à fait dix-huitième, c'est presque du dix-huitième).

Avec son talent ordinaire.

Comme disait Sarcey.

Botticellesque.

Joli de ligne.

Amusant de couleur.

Sacrifier son portefeuille sur l'autel de la paix (*le Temps*).

Laisser carte blanche à la tyrannie et à l'anarchie (*le Temps*, 14 novembre 1902).

Délicieux. (Un des invités a qualifié cette journée de « délicieuse »,ce qui dit tout. *Le Gaulois*, 15 nov. 1902.)

Epique (un duel épique, une discussion épique, un rire épique).

Verveux (verveuse indignation).

Endiablé (fortement endiablée, couplets endiablés).

Lyrique (un observateur lyrique. *Le Journal*, 21 nov. 1902).

Dru (une abondance drue) (*id.*, *id.*).

Les cercles politiques.

Les milieux aristocratiques.

Les sphères diplomatiques.

Un déraciné.

Racinement. (Dès ses vingt ans même, il aura le sens de son profond racinement. *Les Débats*, 24 nov. 1902.)

Une racinée. (*Le Gaulois*, 29 nov. 1902.)

Le plus délicat des régals.

Un ragoût peu banal.

Les scènes les plus vibrantes et les plus scabreuses.

Les lignes puériles du plus parfait art moderne.

Une silhouette qui se profile en tendresse et en blancheur.

Une suggestive coquetterie.

Un croquis nerveux comme une médaille grecque. (*Le Temps*, 24 nov. 1902.)

S'inoculer les « Semaines religieuses ». (*L'Observateur français*, nov. 1902.)

Une amusante silhouette de chauffeur.

Le chariot de Thespis, le chariot comique, le chariot de Thupès (pour les artistes en tournée) *ad lib.*

Silhouetter, traiter, corriger, fustiger, croquer, jouer, etc., de main de maître.

Placer un accent (en peinture).

Emouvoir un ton (*id.*).

Donner de l'air (*id.*).

Un vaporiste. (*Le Gaulois*, 13 déc. 1902. M. Serpollet n'était pas à son stand lorsque le Roi s'y arrête, aussi Sa Majesté s'informe-t-elle immédiatement de l'état de santé du sympathique vaporiste.)

## *NE DITES PAS.... DITES*

| *Ne dites pas :* | *Dites :* |
| --- | --- |
| Ballon. | Aéronat. |
| Universel. | Mondial. |
| Intelligence. | Mentalité. |
| Sensibilité. | Humanité. |
| Mémorable. | Inoubliable. |
| La cause des ouvriers. | La cause prolétarienne. |
| Froid. | Frigide. (La Seine ne mêle pas sans regret ses eaux glauques et tièdes à celles jaunâtres et *frigides* de la Marne. *Le Temps*, 23 nov. 1902.) |
| Bestialité. | Zoophilie. |
| Guerre en Europe. | Conflagration européenne. |
| Style. | Ecriture. |

| *Ne dites pas :* | *Dites :* |
|---|---|
| Composition. | Facture. |
| Groupe de jeunes gens. | Pléiade de jeunes. |
| Un bon rôle. | Une sensationnelle création. |
| Un acte a été joué. | Un acte a été enlevé. |
| Un bon style. | Une écriture artiste. |
| Grâce. | Gracilité. |
| Significatif. | Symptômatique. |
| Agréable. | Savoureux |
| Couleur. | Note; ton. (Une note réaliste des plus savoureuses.) |
| Une grande émotion. | Une émotion vibrante. |
| Scolaire. | Scolastique. |
| Vibration. | Vibratilité. |
| Figure. | Silhouette. |
| Entourage. | Ambiance, atmosphère, cadre. |
| Entourer. | Nimber. |
| Changeant. | Protéiforme. |
| Etrange. | Mystérieux, énigmatique, sibyllin. |
| Articuler une phrase. | Marteler une phrase. |
| Intelligent. | Intellectuel. |
| Affamé. | Famélique. |

| *Ne dites pas :* | *Dites :* |
|---|---|
| Marcher. | Arpenter. |
| Intéressant. | Palpitant, troublant, saisissant, suggestif, empoignant. |
| Remarquable. | Indicible. |
| Svelte. | Tanagréen. |
| Haletant. | Pantelant. |
| Émotionnant. | Poignant. |
| Pâle. | Falot. |
| Mou. | Veule. |
| Un drame s'est passé. | Un drame s'est déroulé. |
| Grand. | Colossal, invincible, effréné. |
| Jeune homme. | Ephèbe. |
| Aventures. | Tribulations. |
| Nez. | Appendice nasal. |
| Concert. | Récital. |
| Mollesse. | Veulerie. |
| Ancien. | Vétuste (au centre un autel vétuste, légèrement délabré... *Le Gaulois*, 8 janvier 1903.) |
| Somptueux. | Somptuaire. |
| Somptuaire. | Voluptuaire. (Il serait assez |

| *Ne dites pas :* | *Dites :* |
|---|---|
| | curieux que la justice attribuât à ce genre de dépenses un caractère voluptuaire. *Les Débats*, 14 novembre 1902). |
| Fruste. | Frustre (... gagner à sa cause des populations assez frustres au milieu desquelles doivent prospérer les entreprises que veut tenter M. Rockefeller. *Gil-Blas*, 14 avril 1903.) |
| Chaleur. | Calorique (un calorique très puissant). |
| Beau. | Prodigieux, prestigieux, incomparable, étonnant (faire vibrer l'étonnante partition d'un musicien consommé, *passim*). |
| Joli. | Gracieux. |
| Histoire de Napoléon. | L'épopée impériale. |
| Poésie. | Poésie intense. |
| Charme. | Charme pénétrant. |
| Mélancolie. | Mélancolie scandinave. |

| *Ne dites pas :* | *Dites :* |
| --- | --- |
| Roideur. | Hiératisme. |
| Couleur. | Tonalité. |
| Grossier. | Fruste (v. p. 205). |
| Il a une automobile. | C'est un fervent de l'automobilisme. |
| Homme aimable. | Un sympathique. |
| Un ballon dirigeable. | Un dirigeable. |
| Enivrant. | Capiteux (c'est une des lectures les plus capiteuses et les plus parisiennes qui se puissent faire. *Journal*, 19 novembre 1902.) |
| Colorer. | Égayer d'une note claire. |
| Patrie. | Sol natal. |
| Hérissé. | Hirsute. |
| Mélancolique. | Mélancolieux. |
| Rouge. | Ton chaud. |
| Gris. | Ton froid. |
| Drôle. | Épique, exhilarant, désopilant, impayable (clowns épiques. *Echo de Paris*, 25 novembre 1902). |
| Parfait. | Impeccable (le chanteur au style impeccable. — Miss Luba, écuyère im- |

| *Ne dites pas :* | *Dites :* |
|---|---|
| | peccable aux poses tanagriennes.) |
| Une pièce a du succès. | Une pièce continue sa marche triomphale devant un public enthousiaste. — Le public lui a fait une ovation colossale. |
| Une salle pleine. | Une salle archicomble. |
| Un beau spectacle. | Un numéro vertigineux. |
| Un bon peintre de marine. | Un mariniste aux visions larges. |
| Une jolie femme. | Une captivante silhouette. |
| Déchaussé. | Décharné. (Les lèvres les plus séduisantes perdent leur charme si, lorsqu'elles s'entrouvrent, elles laissent apercevoir des dents décharnées. *Echo de Paris*, 18 novembre 1902.) |
| Musicien. | Mélomane. |
| Un bon orchestre. | Une artistique phalange. |
| Contenir. | Comporter. (Cette maison, quoique comportant de |

| *Ne dites pas :* | *Dites :* |
| --- | --- |
| | nombreux appartements. *Le Gaulois*, 2 décembre 1902.) |
| Un homme de talent. | Un homme talentueux. |
| Un chasseur. | Un fusil. |
| Un dessinateur. | Un crayon. |
| Il couche avec sa bonne. | Il a des amours ancillaires |
| Curieux. | Bien curieux. (Bien curieuse, la momie grimaçante de ce prince pharaonique. *Le Gaulois*, 15 novembre 1902). |
| Raconter. | Narrer. |
| Petit. | Exigu. |
| Fin. | Epilogue (l'épilogue d'un drame bien parisien, *passim*). |
| Allégresse. | Alacrité. |
| Légèreté. | Alacrité. |
| Médiéval. | Moyennageux (GASTON DESCHAMPS. *Le Figaro*, 25 novembre 1902). |
| Main droite. | Dextre. |
| Devenir élégant | S'élégantiser. |

| *Ne dites pas :* | *Dites :* |
|---|---|
| Ancien. | Vieillot (des amours de souliers en taffetas vieillot. *Echo de Paris*, 27 novembre 1902). |
| Ciel d'automne. | Une adorable tonalité de gris frileux parmi les grisailles du ciel et d'ambiance maladive des jours tristes. (*Echo de Paris*, 26 novembre 1902.) |
| Riche. | Archimillionnaire. |
| Un premier rôle. | Un protagoniste. |
| Caressant. | Caresseur. |
| Une forme féminine. | Une silhouette féministe (*le Gaulois*, 2 décembre 1902). |
| Le chat. | Le félin (le félin est encore plus populaire que le chien. *Le Gaulois*, déc. 1902). |

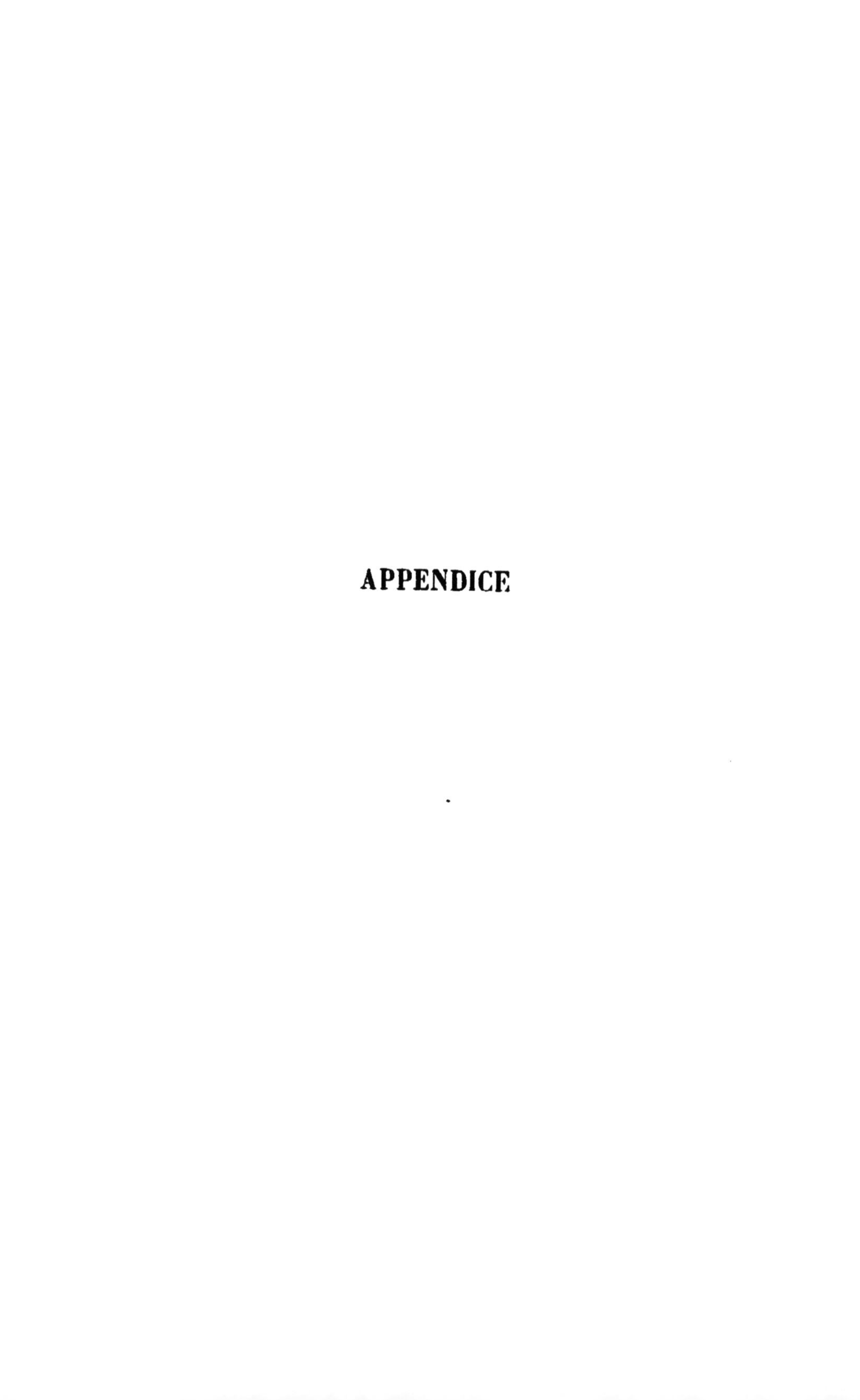

# APPENDICE

## LETTRE DE MARONIEZ A LOYSON-BRIDET AVEC LA RÉPONSE QUE FIT LE DIT OYSON BRIDE APRÈS S'ÊTRE ARRACHÉ DEXTREMENT, POUR LA MIEUX ÉCRIRE, UNE BELLE PLUME NEUVE JOUXTE LE CROUPION

A monsieur Loyson-Bridet, rédacteur au *Mercure de France*, 15, rue de l'Echaudé-Saint-Germain, à Paris.

Monsieur,

Dans votre « Traité de Journalisme », récemment paru dans *le Mercure*, vous raillez fort agréablement les libertés grandes que prennent MM. les journalistes tant avec les règles de la syntaxe qu'avec la vérité historique. En passant, vous relevez aussi, non sans esprit, les mauvais tours que joue quelquefois à ceux qui ont l'imprudence d'y sacrifier la douce manie des citations. Oh! les citations! que de crimes on commet en leur nom! Les va-t-on quérir chez les anciens ou les étrangers? Le voyage ne leur réussit guère, elles arrivent estropiées, lamentablement estropiées :

*Regnum meum... times is money...*

Emprunte-t-on à nos classiques? Je ne sais quelle rage on a d'y vouloir ajouter, mais ils ne gagnent guère au change :

*... mais pour mieux l'étouffer...*

Les citations! comme il est périlleux d'y recourir! le plus malin s'y laisse prendre. On est trahi par sa mémoire ou par les protes et l'on fait commettre au savant latiniste Abeilard un barbarisme de cette taille :

*Non omnis moribor*
*Nil novo sub soli*

Mais il me semble que cette façon de présenter la pensée que l'Ecclésiaste (v. 9, ch. 1) exprime ainsi : « Nihil est sub sole novum » est quelque chose d'assez neuf dont le soleil...

Le désir d'être exact m'eût dicté :

*... Risum teneatis amici ?*

et, plus loin, dans la même épître aux Pisons, pour ne pas faire commettre à Horace un vers faux, j'eusse écrit :

*... si vis me flere, dolendum est*
*Primum ipsi tibi...*

Mais c'est peut-être avoi beaucoup de scrupules!... Le même respect du texte m'eût fait dire avec La Bruyère :

..... « et l'on vient trop tard depuis PLUS DE SEPT MILLE ans qu'il y a des hommes... »

Oh! ces traîtres de protes! on ne saurait vraiment trop s'en défier : qu'on en juge :

Imprimer

MACTEAMINI *puer*

quand le manuscrit porte *macte nova virtute puer*, c'est déjà un peu suffocant; mais où la borne « étant franchie il n'est plus de limites », c'est quand ils attribuent la paternité de cet encouragement à Horace (Odes) au lieu de Virgile (Enéide, IX, 641).

En vérité où sont-ils allés chercher tout cela? MACTEAMINI, par les dieux infernaux ceci est peut-être de l'étrusque???? Mais archaïque alors!!!

Et quant à faire « Oditier » Horace au temps « du jeune Jules César » voilà qui va révolutionner toute la Sorbonne.

Pardonnez-moi la pédanterie avec laquelle je vous signale les réflexions que m'a suggérées au passage la lecture, exquise d'ailleurs, de votre fantaisiste article. Vous donnez là aux citateurs une jolie leçon. Permettez-moi, [monsieur (*rayé*)] d'en prendre ma part et de me dire, Monsieur,

Votre respectueux élève.

PAUL MARONIEZ
*3, rue de la Cloche, Douai.*

Oserai-je, élève Maroniez, compléter votre petite étude critique?

Edgar Quinet n'a pas écrit : « Vous êtes le printemps de l'année et l'espoir de la France » (page 5). Il s'est contenté de le dire. Et il écrivait tout simplement à M. Jules Claretie, en 1867 : « Vous êtes le printemps de l'année. »

Vous avez, élève Maroniez, laissé échapper quelques barbarismes et solécismes dans une citation (peut-être inexacte) à la note de la page 6.

*Reddate Cæsaro quod est Cæsari.*

Je suis surpris qu'ils aient éludé votre rare perspicacité.

Quand vous ouvrirez, élève Maroniez, un livre qui s'appelle *Bévues Parisiennes* (par M. de la Flotte. Paris, Dentu, 1860), vous serez surpris que le prote de 1860, par une admirable coïncidence avec la négligence d'un autre prote en 1903, ait laissé imprimer de la même manière deux citations qui n'appartiennent pas à Loyson-Bridet, mais à M. Emile de la Bédollière.

> J'embrasse mon rival, mais pour mieux l'étouffer.
>
> *Regnum meum non est ex hoc sæculi.*

Soyez aussi de bonne foi, cher Maroniez (vous qui n'êtes point, rue de la Cloche, à Douai, de la grande presse quotidienne), et vous reconnaîtrez, en vous reportant à la page 10, que Loyson-Bridet a imprimé *time is money*, si toutefois il admet, pour le journalisme, une variante qui choque votre érudition des lettres anglaises.

Le savant latiniste Abailard ou Abélard (plus rarement Abeilard) n'est point en effet coupable d'avoir dit : *non omnis moribor*. C'est Loyson-Bridet qui lui a prêté cette barbare pensée, exprimée d'abord sous cette forme : *non omnis moriar* par Quintus Horatius Flaccus. Mais elle s'appliquait mieux (dans l'humble imagination de Loyson-Bridet) à celui que le chanoine Fulbert ne laissa pas mourir entier. Ne soyez pas trop sévère, bon Maroniez.

Pour MACTEAMINI, élève Maroniez, l'original

(*Publius Papinius Statius*) n'est point de Virgile, mais de Stace : le dictionnaire de Quicherat, que vous possédez sans doute, en diligent latiniste que vous êtes, vous le révélera sous le mot *mactus*. *Macte animi* ou *animo* (*Stat.*).

*Macteamini* a été composé par Loyson-Bridet, élève Maroniez, qui s'est plu à orner de ce barbarisme une ode d'Horace adressée au jeune Jules César.

Car vous avez évidemment raison, élève Maroniez, partout où vous ne vous êtes pas trompé; et votre perspicacité, comme je l'ai dit, est de l'espèce la plus rare; mais vous avez oublié un tout petit point. Vous souvenez-vous, cher Maroniez, du conte de la *Lettre volée* par Edgar Poë? Relisez-le, et méditez sur les ingénieuses recherches du Préfet de Police Gisquet. Il y a des choses qui échappent aux génies les plus subtils parce qu'elles sont trop évidentes.

Vous avez oublié, élève Maroniez, que Loyson-Bridet était journaliste.

# TABLE DES MATIÈRES

## SECONDE PARTIE



## APPENDICE

ACHEVÉ D'IMPRIMER

le vingt-cinq mai mil neuf cent trois

PAR

BLAIS ET ROY

A POITIERS

pour le

MERCVRE

DE

FRANCE

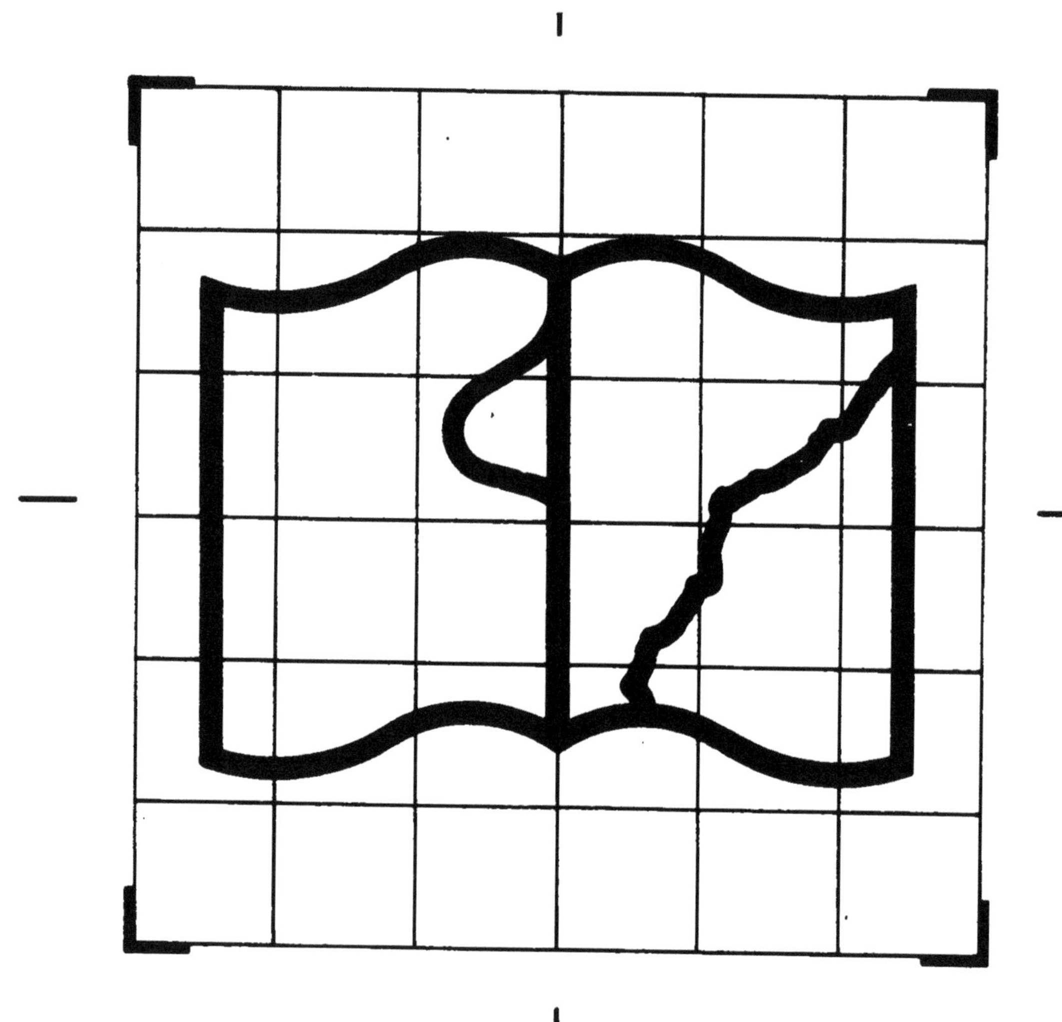

*EXTRAIT DU CATALOGUE*

## DES ÉDITIONS DV MERCVRE DE FRANCE

### Histoire — Critique — Littérature

| | | |
|---|---|---|
| Pierre d'Alheim ..... | Moussorgski (2e édition)................ | 3.50 |
| | Sur les pointes (mœurs russes)........... | 3.50 |
| J. Barbey d'Aurevilly. | Lettres à Léon Bloy..................... | 3.50 |
| André Beaunier...... | La Poésie Nouvelle (2e édition)........... | 3.50 |
| Dmitri de Benckendorff.............. | La Favorite d'un Tzar (2e édition)........ | 3.50 |
| [illegible]erne Berrichon... | La Vie de Jean-Arthur Rimbaud........ | 3.50 |
| [illegible]. Van Bever et Paul Léautaud ........ | Poètes d'Aujourd'hui, 1880-1900. *Morceaux choisis* (8e édition)................. | 3.50 |
| Léon Bloy........... | La Chevalière de la Mort (2e édition)..... | 2 » |
| | Exégèse des Lieux Communs (3e édition).. | 3.50 |
| | Le Fils de Louis XVI (3e édition)......... | 3.50 |
| [illegible]oul de Chélard....... | La Civilisation française dans le Développement de l'Allemagne (*Moyen-Age*)..... | 7.50 |
| [illegible] | Guide Historique et Littéraire de la Hongrie.............................. | 6 » |
| Constantin Christomanos............ | Elisabeth de Bavière, impératrice d'Autriche (4e édition) .................. | 3.50 |
| Jules Delassus....... | Les Incubes et les Succubes............. | 1 » |
| Henry Detouche..... | De Montmartre à Montserrat............ | 3.50 |
| Georges Duviquet.... | Héliogabale........................... | 3.50 |
| Remy de Gourmont.. | Le Chemin de Velours. *Nouvelles Dissociations d'idées* (2e édition).............. | 3.50 |
| | La Culture des Idées (2e édition)........ | 3.50 |
| | Épilogues. *Réflexions sur la vie* (1895-1898)................................ | 3.50 |
| | Esthétique de la Langue française (2e éd.). | 3.50 |
| | Le Livre des Masques, *Portraits symbolistes* (2e édition).................. | 3.50 |
| | Le IIe Livre des Masques (2e édition)..... | 3.50 |
| | Le Problème du Style (3e édition) ....... | 3.50 |
| A.-Ferdinand Herold. | Le Livre de la Naissance, de la Vie et de la Mort de la Bienheureuse Vierge Marie.... | 6 » |
| Virgile Josz......... | Fragonard, *Mœurs du XVIIIe siècle* (2e édition)................................ | 3.50 |
| | Watteau, *Mœurs du XVIIIe siècle* (2e édit.) | 3.50 |

| | | |
|---|---|---|
| Ferdinand de Martino. | Anthologie de l'amour arabe (3e édition) | 3.50 |
| Camille Mauclair.... | Jules Laforgue .......... | 3.50 |
| George Meredith..... | Essai sur la Comédie.......... | 2 » |
| Adrien Mithouard... | Le Tourment de l'Unité.......... | 3.50 |
| Albert Mockel........ | Emile Verhaeren.......... | 2 » |
| | Propos de Littérature.......... | 3 » |
| | Un Héros : Stéphane Mallarmé.......... | 1 » |
| Jacques Morland..... | Enquête sur l'Influence allemande....... | 3.50 |
| Comte M. Prozor..... | Le Peer Gynt d'Ibsen.......... | 1 » |
| Henri de Régnier.... | Figures et Caractères (3e édition)......... | 3.50 |
| Arthur Rimbaud..... | Lettres de Jean-Arthur Rimbaud.......... | 3.7 |
| Marcel Schwob...... | Spicilège (2e édition).......... | 3.5 |
| Robert de Souza..... | La Poésie populaire et le Lyrisme sentimental.......... | 3. |
| Archag Tchobanian.. | L'Arménie, son Histoire, sa Littérature, son rôle en Orient.......... | 1 » |
| E. Vigié-Lecocq...... | La Poésie contemporaine, 1884-1896 (2e édition).......... | 3.50 |

## Collection de Romans

| | | |
|---|---|---|
| Claire Albane ....... | L'amour tout simple.......... | 3. |
| Anonyme........... | Lettres d'amour d'une Anglaise (6e édition). | 3. |
| Marcel Batilliat..... | La Beauté (3e édition).......... | 3. |
| | Chair mystique (2e édition).......... | 3.5 |
| | Versailles-aux-Fantômes (4e édition)..... | 3.50 |
| Maurice Beaubourg.. | La rue Amoureuse (2e édition).......... | 3.50 |
| Aloysius Bertrand... | Gaspard de la Nuit (2e édition).......... | 3.50 |
| G. Binet-Valmer..... | Le Gamin tendre (2e édition).......... | 3.50 |
| | Le Sphinx de Plâtre (2e édition).. ...... | 3.50 |
| Léon Bloy........... | La Femme Pauvre (3e édition).......... | 3.50 |
| Henry Bourgerel..... | Les pierres qui pleurent.......... | 3.50 |
| E.-A. Butti .......... | L'Automate.......... | 3.50 |
| W.-K. Clifford ....... | Lettres d'amour d'une Femme du monde (3e édition).......... | 3.50 |
| J.-A. Coulangheon... | L'Inversion sentimentale (2e édition)...... | 3.50 |
| | Les Jeux de la Préfecture (2e édition)..... | 3.50 |
| Jean Cyrane ......... | Le Château de félicité (2e édition)........ | 3.50 |
| Gaston Danville ..... | L'Amour Magicien.......... | 3.50 |
| | Contes d'Au-delà.......... | 6 » |
| | Les Reflets du Miroir (2e édition)......... | 3.50 |
| Albert Delacour..... | L'Evangile de Jacques Clément.......... | 3.50 |
| | Le Pape rouge (2e édition).......... | 3.5 |
| | Le Roy (2e édition).......... | 3.5 |

| Auteur | Titre | Prix |
|---|---|---|
| …is Delattre | La Loi de Péché | |
| …gène Demolder | L'Agonie d'Albion (5e édition) | |
| | Le Cœur des Pauvres (5e édition) | 3… |
| | La Légende d'Yperdamme | 7.5… |
| | Les Patins de la Reine de Hollande (2e édit.) | 3.5… |
| | Quatuer | 2.5o |
| | La Route d'Emeraude (2e édition) | 3.5o |
| | Le Royaume authentique du Grand Saint Nicolas | 10 » |
| | Sous la Robe | 3.5o |
| …ouard Ducoté | Aventures | 3.5o |
| …ouard Dujardin | L'Initiation au Péché et à l'Amour (11e édit.) | 3.5o |
| | Les Lauriers sont coupés | 3.5o |
| …uis Dumur | Un Coco de génie (3e édition) | 3.5o |
| | Pauline ou la liberté de l'amour (4e édition) | 3.5o |
| …orges Eekhoud | Le Cycle patibulaire (2e édition) | 3.5o |
| | Escal-Vigor (6e édition) | 3.5o |
| | La Faneuse d'amour (3e édition) | 3.5o |
| | Mes Communions (2e édition) | 3.5o |
| …briel Faure | La dernière Journée de Sapphô (3e édition) | 3.5o |
| …dré Fontainas | L'Ornement de la Solitude | 2 » |
| …dré Gide | L'Immoraliste (2e édition) | 3.5o |
| | Les Nourritures Terrestres (2e édition) | 3.5o |
| | Le Prométhée mal enchaîné | 2 » |
| | Le Voyage d'Urien, suivi de Paludes (2e édit.) | 3.5o |
| …mond Glesener | Histoire de M. Aristide Truffaut (2e édition) | 2 » |
| …xime Gorki | L'Angoisse (3e édition) | 3.5… |
| | Les Déchus (3e édition) | 3.5… |
| | Les Vagabonds (4e édition) | 3.5… |
| | Varenka Olessova (3e édition) | 3.5… |
| …my de Gourmont | Les Chevaux de Diomède (2e édition) | 3… |
| | Lilith (2e édition) | 3… |
| | D'un Pays Lointain | 3… |
| | Le Pèlerin du Silence (2e édition) | 3… |
| | Le Songe d'une femme (2e édition) | 3… |
| …omas Hardy | Barbara (2e édition) | 3… |
| …nk Harris | Montès le Matador (2e édition) | 3… |
| …Ferdinand Herold | Les Contes du Vampire (2e édition) | 3… |
| …arles-Henry Hirsch | La Possession (2e édition) | 3.5… |
| | La Vierge aux tulipes (2e édition) | 3.5… |
| …mond Jaloux | L'Agonie de l'Amour (2e édition) | 3… |
| …ancis Jammes | Almaïde d'Etremont (2e édition) | 2 |
| | Clara d'Ellébeuse (2e édition) | 2 |
| | Le Roman du Lièvre | 3.5… |

| Auteur | Ouvrage | Prix |
|---|---|---|
| **Alfred Jarry** | Les Jours et les Nuits | 3.5 |
| **Albert Juhellé** | La Crise virile | 3.5 |
| **Gustave Kahn** | Le Conte de l'Or et du Silence | 3.5 |
| **Rudyard Kipling** | Les Bâtisseurs de Ponts (5e édition) | 3.5 |
| | L'Homme qui voulut être roi (6e édition) | 3.5 |
| | Kim (6e édition) | 3.5 |
| | Le Livre de la Jungle (15e édition) | 3.5 |
| | Le Second Livre de la Jungle (13e édition) | 3.5 |
| | La plus belle Histoire du monde (6e édition) | 3.5 |
| | Stalky et Cie (4e édition) | 3.5 |
| **Hubert Krains** | Amours rustiques | 3.5 |
| **A. Lacoin de Villemorin et Dr Khalil-Khan** | Le Jardin des Délices (2e édition) | 3.5 |
| **Jules Laforgue** | Moralités légendaires, suivies des *Deux Pigeons* (3e édition) | 3.5 |
| **Camille Lemonnier** | Un Mâle (2e édition) | 3.5 |
| | La Petite Femme de la Mer (2e édition) | 3.5 |
| **Albert Leune** | Tourmente d'Or | 3.5 |
| **Paul Léautaud** | Le Petit Ami (2e édition) | 3.5 |
| **Jean Lorrain** | Contes pour lire à la chandelle | 2 |
| **Raymond Marival** | Chair d'Ambre (2e édition) | 3.5 |
| | Le Çof, *Mœurs kabyles* (2e édition) | 3.5 |
| **Charles Merki** | Margot d'Eté | 3.5 |
| **Eugène Morel** | Les Boers (2e édition) | 2 |
| **Alain Morsang et Jean Beslière** | La Mouette (2e édition) | 3.5 |
| **Walter Pater** | Portraits Imaginaires | 3.5 |
| **Joséphin Péladan** | Modestie et Vanité (4e édition) | 3.5 |
| **Pierre de Querlon** | Les Joues d'Hélène (2e édition) | 3.5 |
| | La Liaison fâcheuse (2e édition) | 3.5 |
| **Pierre Quillard** | Les Mimes d'Hérondas (2e édition) | 2 |
| **Thomas de Quincey** | De l'Assassinat considéré comme un des Beaux-Arts (2e édition) | 3.5 |
| **Rachilde** | Contes et Nouvelles (3e édition) | 3.5 |
| | L'Heure Sexuelle (11e édition) | 3.5 |
| | Les Hors Nature (5e édition) | 3.5 |
| | La Jongleuse (5e édition) | 3.5 |
| | La Sanglante Ironie (nouvelle édition) | 3.5 |
| | La Tour d'Amour (4e édition) | 3.5 |
| **Hugues Rebell** | Baisers d'Ennemis | 3.5 |
| **Henri de Régnier** | Les Amants Singuliers (4e édition) | 3.5 |
| | Le Bon Plaisir (10e édition) | 3.5 |
| | La Canne de Jaspe (3e édition) | 3.5 |

| | | |
|---|---|---|
| Henri de Régnier.... | La Double Maîtresse 14e édition)........ | 3.50 |
| | Le Mariage de Minuit (10e édition)....... | 3.50 |
| | Le Trèfle Blanc (2e édition)............. | 2 » |
| Jules Renard........ | Le Vigneron dans sa Vigne (3e édition)... | 3.50 |
| William Ritter...... | Leurs Lys et leurs Roses................ | 3.50 |
| J.-H. Rosny......... | Les Xipéhuz (2e édition)................ | 2 » |
| Eugène Rouart...... | La Villa sans Maître.................... | 3.50 |
| Saint-Pol-Roux...... | La Rose et les Epines du Chemin........ | 3.50 |
| Albert Samain ...... | Contes (3e édition)..................... | 3.50 |
| Marcel Schwob...... | La Croisade des Enfants................. | 3.50 |
| | Le Livre de Monelle..................... | 2 » |
| | Mimes (2e édition)...................... | 3 » |
| R.-L. Stevenson..... | La Flèche noire (2e édition)............ | 3.50 |
| Ivan Strannik....... | L'appel de l'Eau........................ | 3.50 |
| Auguste Strindberg.. | Axel Borg (2e édition). ............... | 3.50 |
| | Inferno (2e édition).................... | 3.50 |
| Jean de Tinan....... | Aimienne ou le Détournement de mineure (2e édition).................. | 3.50 |
| | L'Exemple de Ninon de Lenclos amoureuse (2e édition)........................ | 3.50 |
| | Penses-tu réussir? (2e édition).......... | 3.50 |
| Marcelle Tinayre.... | Avant l'Amour (2e édition).............. | 3.50 |
| | Hellé (2e édition)...................... | 3.50 |
| | La Rançon (2e édition).................. | 3.50 |
| Mark Twain......... | Contes choisis (4e édition)............. | 3.50 |
| Eugène Vernon...... | Gisèle Chevreuse........................ | 3.50 |
| Jean Viollis......... | Petit Cœur (2e édition)................. | 2 » |
| A. Gilbert de Voisins. | La Petite Angoisse (2e édition).......... | 3.50 |
| H.-G. Wells ......... | La Guerre des Mondes (4e édition)....... | 3.50 |
| | Une Histoire des Temps à venir (3e édition). | 3.50 |
| | L'Ile du Docteur Moreau (4e édition)..... | 3.50 |
| | La Machine à explorer le Temps (3e édit.). | 3.50 |
| | Les Pirates de la Mer (3e édition)........ | 3.50 |
| | Les Premiers Hommes dans la Lune (3e éd.) | 3.50 |
| Willy.............. | Claudine en ménage (100e édition)........ | 3.50 |

## Poésie

| | | |
|---|---|---|
| Alfred Douglas...... | Poèmes.................................. | 3.50 |
| Edouard Ducoté..... | Renaissance ............................ | 3.50 |
| Max Elskamp........ | La Louange de la Vie.................... | 3.50 |
| Albert Fleury....... | Poèmes, 1895-1899....................... | 3.50 |
| André Fontainas.... | Crépuscules............................. | 3.50 |

| | | |
|---|---|---|
| **Paul Fort** | L'Amour marin (2e édition) | 3.50 |
| | Ballades Françaises (2e édition) | 3.50 |
| | Les Hymnes de feu, précédés de Lucienne (2e édition) | 3.50 |
| | Idylles antiques (2e édition) | 3.50 |
| | Montagne (2e édition) | 3.50 |
| | Paris Sentimental ou le roman de nos vingt ans (2e édition) | 3.50 |
| | Le Roman de Louis XI (2e édition) | 3.50 |
| **Paul Gérardy** | Roseaux | 3.50 |
| **Henry Ghéon** | La Solitude de l'Eté | 3.50 |
| **Charles Guérin** | Le Semeur de Cendres (2e édition) | 3.50 |
| **A.-Ferdinand Herold** | Au hasard les chemins | 2 » |
| | Images tendres et merveilleuses | 3.50 |
| **Robert d'Humières** | Du Désir aux Destinées | 3.50 |
| **Francis Jammes** | De l'Angelus de l'Aube à l'Angelus du Soir, *poésies, 1888-1897* (2e édition) | 3.50 |
| | Le Deuil des Primevères (2e édition) | 3.50 |
| | Le Triomphe de la Vie (2e édition) | 3.50 |
| **Léonce de Joncières** | Tanagra | 3.50 |
| **Gustave Kahn** | Le Livre d'Images | 3.50 |
| | Premiers Poèmes | 3.50 |
| **Klingsor** | Schéhérazade | 3.50 |
| **Marc Lafargue** | L'Age d'Or | 3.50 |
| **Jules Laforgue** | Poésies complètes (3e édition) | 3.50 |
| **Sébastien-Charles Leconte** | La Tentation de l'Homme | 3.50 |
| **Stuart Merrill** | Poèmes, 1887-1897 (2e édition) | 3.50 |
| | Les Quatre Saisons (2e édition) | 3.50 |
| **Adrien Mithouard** | Les impossibles noces | 2.50 |
| | Le Pauvre Pêcheur | 3.50 |
| **Albert Mockel** | Clartés | 3 » |
| **Maurice Pottecher** | Le Chemin du Repos | 3 » |
| **Pierre Quillard** | La Lyre héroïque et dolente (2e édition) | 3.50 |
| **Hugues Rebell** | Chants de la Pluie et du Soleil | 3.50 |
| **Henri de Régnier** | La Cité des Eaux (3e édition) | 3.50 |
| | Les Jeux rustiques et divins (4e édition) | 3.50 |
| | Les Médailles d'Argile (4e édition) | 3.50 |
| | Poèmes, 1887-1892 (4e édition) | 3.50 |
| | Premiers Poèmes (3e édition) | 3.50 |
| **Lionel des Rieux** | Le Chœur des Muses | 3.50 |
| **Arthur Rimbaud** | Œuvres de Jean-Arthur Rimbaud (2e édit.) | 3.50 |
| **P.-N. Roinard** | La Mort du Rêve | 3.50 |

| | | |
|---|---|---|
| **Albert Samain** | Le Chariot d'Or (4e édition) | 3.5o |
| | Aux Flancs du Vase, suivi de Polyphême et de Poèmes inachevés (3e édition) | 3.5o |
| | Au Jardin de l'Infante (6e édition) | 3.5o |
| **Robert de Souza** | Sources vers le Fleuve | 3.5o |
| **R.-H. de Vandelbourg** | La Chaîne des heures | 3.5o |
| **Emile Verhaeren** | Les Forces tumultueuses (2e édition) | 3.5o |
| | Poèmes (3e édition) | 3.5o |
| | Poèmes, nouvelle série (2e édition) | 3.5o |
| | Poèmes, IIIe série (2e édition) | 3.5o |
| **Francis Vielé-Griffin** | Clarté de Vie (2e édition) | 3.5o |
| | La Légende ailée de Wieland le Forgeron | 3.5o |
| | Phocas le Jardinier (2e édition) | 3.5o |
| | Poèmes et Poésies (2e édition) | 3.5o |

## Théâtre

| | | |
|---|---|---|
| **Henry Bataille** | Ton Sang, précédé de La Lépreuse (2e édit.) | 3.5o |
| **Paul Claudel** | L'Agamemnon d'Eschyle | 2 » |
| | L'Arbre (2e édition) | 3.5o |
| **Marcel Collière** | Les Syracusaines | 1 » |
| **Edouard Dujardin** | Antonia | 3.5o |
| **Maxime Gorki** | Dans les Bas-Fonds (3e édition) | 3.5o |
| | Les Petits Bourgeois (3e édition) | 3.5o |
| **Gerhart Hauptmann** | La Cloche engloutie (2e édition) | 3.5o |
| **Gunnar Heiberg** | Le Balcon | 2 » |
| **A.-Ferdinand Herold** | L'anneau de Çakuntalâ | 3 » |
| | Sâvitrî | 1 » |
| | Une jeune femme bien gardée | 1 » |
| **Alfred Jarry et Claude Terrasse** | Ubu Roi, *texte et musique* | 5 » |
| **Virgile Josz et Louis Dumur** | Rembrandt (2e édition) | 3 5o |
| **Jean Lorrain et A.-Ferdinand Herold** | Prométhée (8e édition) | 1 » |
| **Emerich Madach** | La Tragédie de l'Homme | 3.5o |
| **Henri Mazel** | L'Hérésiarque | 3.5o |
| | Le Khalife de Carthage | 3.5o |
| **René Peter** | La Tragédie de la Mort | 1 » |
| **Georges Polti** | Les Cuirs de Bœuf | 3.5o |
| **Rachilde** | Théâtre (3e édition) | 3.5o |

| | | |
|---|---|---|
| **Paul Ranson**......... | L'Abbé Prout, *Guignol pour les vieux enfants.* Préface de Georges Ancey. Illustrations de Paul Ranson .............. | 3.50 |
| **Saint-Pol-Roux**...... | La Dame à la faulx.................... | 3.50 |
| **Auguste Strindberg**.. | Margit............................ | 2 » |
| **Emile Verhaeren**.... | Philippe II.......................... | 3.50 |

## Philosophie

| | | |
|---|---|---|
| **Edmond Barthélemy**. | Thomas Carlyle (2e édition)............ | 3.50 |
| **H.-B. Brewster**...... | L'Ame païenne...................... | 3.50 |
| **Thomas Carlyle**..... | Sartor Resartus (2e édition)............ | 3.50 |
| **Jules de Gaultier**.... | De Kant à Nietzsche (2e édition)......... | 3.50 |
| | Le Bovarysme (2e édition).............. | 3.50 |
| **Pierre Lasserre**..... | La Morale de Nietzsche (2e édition)....... | 3.50 |
| **Maurice Maeterlinck**. | Le Trésor des Humbles (28e édition)...... | 3.50 |
| **Multatuli**........... | Pages Choisies (2e édition)............. | 3.50 |
| **Frédéric Nietzsche** .. | Ainsi parlait Zarathoustra (5e édition)... | 3.50 |
| | Aurore (4e édition).................. | 3.50 |
| | Le Crépuscule des Idoles, le Cas Wagner, Nietzsche contre Wagner, l'Antéchrist (4e édition)...................... | 3.50 |
| | Le Gai savoir (5e édition).............. | 3.50 |
| | La Généalogie de la Morale (5e édition).. | 3.50 |
| | Humain, trop Humain (1re partie) (4e édit.). | 3.50 |
| | L'Origine de la Tragédie (3e édition)..... | 3.50 |
| | Pages Choisies (5e édition)............. | 3.50 |
| | Par delà le bien et le mal............... | 8 » |
| | Le Voyageur et son Ombre (*Humain, trop Humain*, 2e partie) (4e édition)........ | 3.50 |
| **Auguste Strindberg**.. | Introduction à une Chimie unitaire....... | 1.50 |

# Envoi franco

# du Catalogue complet

## sur demande

Poitiers. — Imp. Blais et Roy, 7, rue Victor-Hugo.

RAPPORT 20

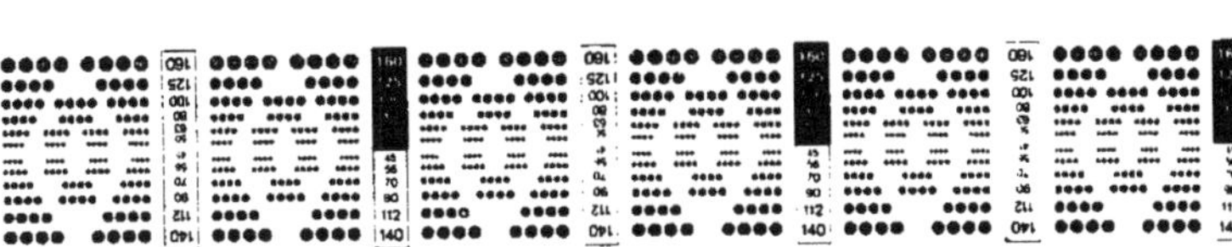

www.ingramcontent.com/pod-product-compliance
Ingram Content Group UK Ltd.
Pitfield, Milton Keynes, MK11 3LW, UK
UKHW021058230726
13926UKWH00004B/1918

9 782016 133699